José Luis González-Balado

Teresa de Calcutá

Uma vida de amor a Jesus nos Pobres

Paulinas

Dados Internacionais de Catalogação na Publicação (CIP)
(Câmara Brasileira do Livro, SP, Brasil)

González-Balado, José Luis
Teresa de Calcutá : uma vida de amor a Jesus nos pobres / José Luis González-Balado ; tradução Gilmar Saint' Clair Ribeiro. – 2. ed. – São Paulo : Paulinas, 2011. – (Coleção testemunhos de santidade)

Título original: La beata Teresa Calcutá.
Bibliografia.
ISBN 978-85-356-1458-9

1. Igreja e pobres 2. Santidade 3. Teresa, de Calcutá, Madre, 1910-1997 I. Título. II. Série.

10-14166 CDD-282.092

Índice para catálogo sistemático:

1. Santas : Igreja Católica : Biografia e obra 282.092

Título original da obra: *La beata Teresa de Calcutá*

Direção-geral: *Flávia Reginatto*
Editora responsável: *Celina H. Weschenfelder*
Auxiliar de edição: *Alessandra Biral*
Tradução: *Gilmar Saint'Clair Ribeiro*
Copidesque: *Rosa Maria Aires da Cunha*
Coordenação de revisão: *Andreia Schweitzer*
Revisão: *Ana Cecilia Mari e Patrizia Zagni*
Atualização ortográfica: *Sandra Sinzato*
Direção de arte: *Irma Cipriani*
Gerente de produção: *Felício Calegaro Neto*
Capa e editoração eletrônica: *Everson de Paula*

2ª edição – 2011
4ª reimpressão – 2025

Cadastre-se e receba nossas informações
paulinas.com.br
Telemarketing e SAC: 0800-7010081

Paulinas
Rua Dona Inácia Uchoa, 62
04110-020 – São Paulo – SP (Brasil)
(11) 2125-3500
editora@paulinas.com.br

NOTA DA EDITORA

Este livro foi originalmente publicado em 2003, logo após a beatificação de Madre Teresa. Fizemos algumas atualizações ao longo do texto, em vista dos fatos sucedidos desde então.

O principal deles foi a sua canonização, esperada ansiosamente por todo o mundo. Finalmente, em setembro de 2016, depois do reconhecimento de um segundo milagre atribuído à sua intercessão, o Papa Francisco declarou Madre Teresa santa, decretando que fosse venerada como tal por toda a Igreja.

O milagre realizado foi a cura extraordinária do brasileiro Marcilio Haddad Andrino, com graves problemas cerebrais. Os múltiplos abscessos quase o impediram de se casar, em setembro de 2008. Seu estado se deteriorava rapidamente e, em dezembro, ao ficar inconsciente, os médicos decidiram por uma cirurgia de emergência como última tentativa para lhe salvar a vida. Sua família, porém, não deixava de rezar para Madre Teresa. Pouco antes da operação, inexplicavelmente, Marcilio acordou já sem dores. "Consegui passar o Natal com minha família e seis meses depois voltei ao trabalho sem problemas", disse ele, que posteriormente teve dois filhos.

Durante a missa de canonização, o Papa Francisco anunciou que Madre Teresa seria a santa de "todos os voluntariados" e considerada "modelo de santidade". Disse ainda: "Que esta incansável agente de misericórdia nos ajude a entender mais e mais que o nosso único critério de ação é o amor gratuito, livre de qualquer ideologia e de qualquer vínculo e que é derramado sobre todos sem distinção de língua, cultura, raça ou religião".

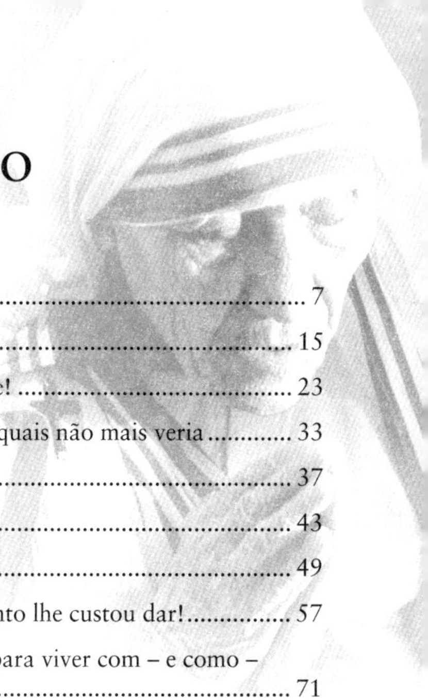

SUMÁRIO

PRÓLOGO

Santa para todos

Na segunda metade do século XX, convocado por um novo Papa octogenário, realizou-se um concílio ecumênico, cujo objetivo se condensava em um neologismo importado, o *aggiornamento*, que significa "atualização".

O que João XXIII, mais amante da tradição que ninguém, queria atualizar não era a substância da mensagem cristã, mas sim sua linguagem. Nem ele nem ninguém com bom senso pretenderiam que o Evangelho – por exemplo, as bem-aventuranças, o Sermão da Montanha – mudasse. O Papa desejava apenas que o que fosse puramente instrumental não se transformasse em dogma e dificultasse uma pedagogia correta.

Inaugurado o Concílio,[1] em nenhum momento ele intencionou, respeitoso como ninguém das competências alheias, dar lições de cumprimento obrigatório. Não se privou, contudo, de

---

[1] A inauguração deu-se no dia 11 de outubro de 1962, cujo realizador foi João XXIII. Seu encerramento ocorreu em 8 de dezembro de 1965, efetuado por Paulo VI, que em 21 de junho de 1963 sucedera ao Papa Roncalli, falecido três meses antes.

realizar determinados gestos que, sem se esquecer de nada, foram parábolas da atualização desejada.

Ao interpretar a vontade de João XXIII em uma histórica intervenção no Concílio, o Cardeal Suenens, então arcebispo de Bruxelas, criticou alguns pontos que a seu ver necessitavam de *aggiornamento*. Por exemplo, o item referente aos processos de beatificação de veneráveis e de canonização de beatos. Ele afirmava que – para muitos, com razão – enquanto na lista dos santos havia excesso de eclesiásticos: papas, bispos, fundadores de ordens e congregações religiosas, frades, monjas, entre outros, em contrapartida havia uma autêntica escassez de pais e mães de família.

Fez outras críticas ainda relativas à complexidade dos processos, visto que, quando chegavam – os que chegavam! – à honra dos altares, os candidatos à canonização já haviam caído no esquecimento, bem como as pessoas mais suscetíveis de se beneficiar de seus exemplos e mais bem-dispostas a isso tinham deixado o cenário mundial.

O cardeal arcebispo de Malines-Bruxelas* externou ainda mais uma impressão: a julgar pelas listas hagiográficas, a santidade parecia exclusividade de ibero-franco-italianos.

Quando acabava de mudar de direção, aquele Concílio teve uma ocasião de ouro para encenar, no tema do reconhecimento da santidade, o *aggiornamento* desejado por quem o convocou. Mais ainda: pôde fazê-lo com Ângelo Roncalli, nome de Batismo e de registro de João XXIII, também apelidado de o Papa Bom.

Quando João XXIII faleceu, em odor de santidade universal, Suenens e outros protagonistas emergentes do Concílio apre-

* Arcebispado criado em 1559, Malines dividiu seu título com Bruxelas (capital da Bélgica) após 1962. (N.R.)

sentaram uma moção bastante apoiada para que o Concílio avalizasse a *vox populi* unânime que reconhecia o Papa como santo, Bom por excelência. O arcebispo de Bruxelas e outros propunham o que, segundo o jargão teológico, se denominaria "canonização por aclamação".

Naquele momento – novembro de 1964 –, o Papa a quem competia assinar a proposta de Suenens e de outros era Paulo VI. Quanto o grande Papa Montini estava convencido de que seu predecessor – que havia conhecido, com quem havia convivido, de quem até havia sido amigo e admirador convicto e sincero quase meio século – era um grande santo! Culto como poucos, Paulo VI sabia que a canonização por aclamação teria sido um método teologicamente legítimo, amplamente utilizado por séculos no reconhecimento da santidade e que alguns dos santos geralmente mais venerados da cristandade foram reconhecidos desse modo!

Ele era tímido, porém excessivamente reto e bom. Não desejava absolutamente provocar conflitos. Quando podia, até em situações de justiça e de verdade, preferia fazer raciocinar as maiorias, por mais absolutas que fossem, para não humilhar as minorias, mesmo quando intelectualmente estivesse – e como não haveria de estar! – de acordo com aquelas.

Apesar de convencido do fato de não haver nada de equivocado em adicionar sua voz autorizada à aclamação imediata de São João XXIII, ele optou por adiar o reconhecimento solene e público. O atormentado Papa Montini não quis originar uma polêmica com os poucos que, com a ameaça de um minicisma, alegavam que essa exceção favorável a João XXIII constituiria uma afronta à memória de seu predecessor, Pio XII.

Sem estender essas considerações além da medida, é oportuno dar espaço de maneira explícita – pois implicitamente já o possuía – a outra grande santa do século XX, da mesma forma que João XXIII. É convicção universal, unânime – ou quase –, espontânea e não manipulada de que ambos – João XXIII e Madre Teresa de Calcutá –, cada qual a seu modo muito pessoal e com sua personalidade muito específica, foram grandes santos.

Santos de uma santidade amável, crível, próxima, generosa, muito humana, digna de afeto e de simpatia; que amaram a Deus sobre todas as coisas e também à sua Mãe (por que não?); que foram, por sua vez, imitadores devotos de outros santos e santas; que, contudo, mais que outros – por exemplo, Francisco de Assis ou Vicente de Paulo –, amaram sinceramente os seres humanos, seus semelhantes, os quais, na expressão do amor, se debruçaram mais sobre os menos favorecidos: os Pobres. Nos seres humanos, seus semelhantes, sobretudo nos Pobres, tanto Teresa como João, Vicente e Francisco souberam ver, amar e servir a Jesus. Santos, eles e ela, que nos deixaram a impressão nada irreal de que até nos amaram – a você e a mim. Se não em presença, ao menos virtualmente.

Como João XXIII e Madre Teresa foram exemplos de santidade, cronologicamente recentes e humanamente muito próximos! Não, é claro, os únicos do século XX e para os séculos vindouros, mas sim alguns – quatro, dois recentíssimos – dos santos que mais o foram. De santidade muito próxima. Como foi dito: de uma santidade amável e crível.

É de conhecimento geral que, por meio de uma organização – espécie de ministério – denominada Congregação para as Causas dos Santos, se reserva ao Papa a última palavra sobre o fato de uma pessoa ser ou não santa.

Ninguém discute – só faltava isso! – a legitimidade dessa exclusividade papal. Há, porém, uma constatação com força de evidência: esse julgamento definitivo de santidade pressupõe, como fator condicionante, a fama de santidade do candidato entre os fiéis. Se esses são os bons filhos da Igreja, os católico-cristãos de missa dominical e até diária, que bom! No entanto, se a eles forem somados também outros, que podem não ir à missa e até não ser cristão-católicos nem mesmo fiéis, melhor ainda.

Foi a fama de santidade que acompanhou João XXIII. Sem dúvida, outro não foi, continua sendo e previsivelmente será mais ainda o caso de Madre Teresa. Quando ainda vivia, há menos de uma década, diversas pessoas – a totalidade dos que a conheciam, ou seja, muitos milhões de "fiéis" e de "não fiéis", e de quantos ouviram falar dela e de suas obras com autenticidade – muitos milhões mais – de maneira unânime já a consideravam santa.

A expressão "santa viva" (no original inglês, *living saint*, como foi definida pela primeira vez), não muito original e quase lugar-comum, porém convicta, aflorou a respeito de Teresa de Calcutá quando tinha aproximadamente 60 anos. Superar com humildade e paciência o apelativo até seu falecimento, aos 87 anos, foi mais um dos méritos que se acrescentaram à sua santidade.

Portanto, ela foi canonizada pelo povo – composto de fiéis e de não tão fiéis –, em vida, mesmo que essa fosse insuficiente do ponto de vista jurídico e legal. Por isso, a canonização formal e de rigor, já em curso com a dispensa excepcional do prazo de carência estabelecido, é conveniente a todo mundo que espera a sanção definitiva com paciente impaciência.

Como foi dito, pouco ou, em todo caso, de nada valem/valeriam os atos jurídico-canônicos que não se produziram sobre sujeitos previamente "canonizados" pelo povo de Deus. Até certo ponto, a aceitação decorrente desses atos guarda proporção direta com a aprovação prévia. Se já desfrutava uma fama tranquilamente universal e não polêmica, o candidato pré-canonizado consolida-se ainda mais na estima dos fiéis após o reconhecimento oficial e público. Se, por hipótese, os fatos se dessem de outro modo, ocorreria o contrário. Os ânimos do povo (de Deus) não são conquistados com 15 minutos de presença nos noticiários televisivos, ainda que precedidos e acompanhados de habilidoso alarde, não é mesmo?

Salvo o engano, o objetivo de indicar para a santidade aqueles que de modo destacado e heroico são merecedores é propor modelos de imitação aos que os seguem, que deixam de sê-lo ou que pelo menos perdem sua capacidade de sugestão, e necessitam do carisma da *aceitabilidade*. Pois não se pode negar que alguns santos são muito – quase espantosamente – mais bem-aceitos que outros, e há os que despertam simpatias escassas fora de determinados ambientes (se bem que a simpatia despertada nesses ambientes é quimicamente pura!). Isso não é culpa deles, mas sim do modo como são divulgados.

Por mais solene que seja, não se consegue a aceitação com um ato nem como consequência e fruto de manobras relativamente conscientes de *marketing* pseudossagrado. Sem uma prévia convicção condicionante, se não as vontades, ao menos os corações se revoltam. Porque, no final das contas, é dos corações que brotam os gestos autênticos de veneração.

Madre Teresa de Calcutá partiu deste mundo, no qual continua virtualmente presente, com uma aceitação universal de sua santidade. Haverá alguém que ponha em dúvida seu crédito de exemplaridade suavemente heroica? Terá havido muitas pessoas – dez, ou ao menos vinte – que fizeram, pessoalmente e por meio de sua obra, tanto bem real e virtual, e a tantos, aos mais necessitados, aos mais Pobres entre os pobres deste mundo, como Madre Teresa de Calcutá?

E então, finalmente, o Papa Francisco proclamou ambos como santos: João XXIII, em 2014, por seus méritos em dar início ao Concílio Vaticano II, e Madre Teresa, em 2016, pela cura extraordinária do brasileiro Marcílio Haddad Andrino.

Originalmente, Madre Teresa não era católica. Pelo sangue, provinha de um duplo país hagiograficamente inexpressivo: meio albanesa, meio macedônia. Por cidadania subsequente, decorrente de sua vontade de encarnação missionária, e sem deixar de ser o que era, foi indiana.[2] Não só por disposição interior, mas também pela aceitação geral, foi, como poucos, cidadã do mundo inteiro. O que, segundo minha convicção pessoal, se elevado à categoria deste breve perfil biográfico, seria *Santa de (e para) todos*.

José Luis González-Balado

---

[2] Quanto às cidadanias de Madre Teresa, Paulo VI providenciou-lhe um passaporte diplomático vaticano, a fim de que pudesse realizar sua obra entre os Pobres também em países dos quais ficava excluída pelo passaporte indiano. Até mesmo nos lugares onde havia limitações para o passaporte vaticano, ela conseguiu um documento italiano. Alguns meses antes de seu falecimento, ocorrido em maio de 1997, foi nomeada cidadã honorária dos Estados Unidos.

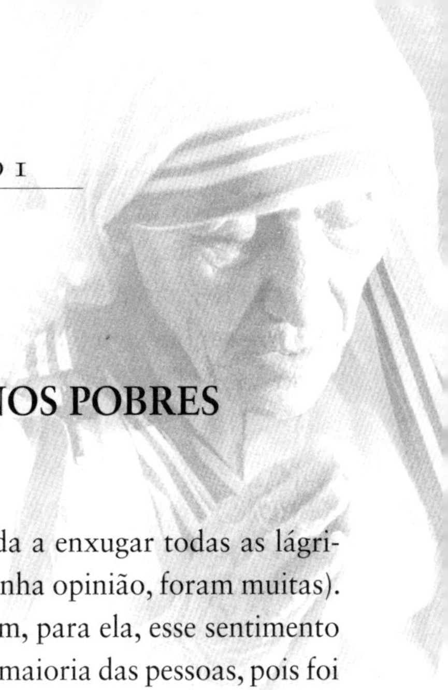

CAPÍTULO I

ELA VIU JESUS NOS POBRES

Madre Teresa consagrou sua vida a enxugar todas as lágrimas possíveis que pôde (que, em minha opinião, foram muitas). Nisso consistia sua felicidade. Porém, para ela, esse sentimento tinha uma conotação diferente à da maioria das pessoas, pois foi íntimo e sem alardes. Decorria da entrega ao próximo sem outra ambição que a de ajudá-lo a suportar a vida da melhor maneira possível. No entanto, a razão mais profunda de seu estado de espírito foi a fé profunda, sincera, sem dúvidas de que Jesus estava naqueles que necessitavam de sua ajuda. Mais ainda: de que eles eram Cristo.

Com sua entrega, ela não pretendeu nada, nem sequer que lhe dissessem "obrigado". Também não quis obrigar ninguém a seguir seu exemplo. Limitou-se a falar com discrição desta experiência íntima: quanto mais se dá, mais se recebe.

Apenas algumas pessoas encontraram motivos para criticar, de maneira injusta, seu gesto de bondade, porém o fizeram mais por ignorância que malícia. Pela falta de fundamento, as críticas, ou calúnias, a despeito da vontade de muitos, não foram atribuídas à boa-fé. Entretanto, houve alguém que acreditou na boa-fé de seus críticos – ou caluniadores – e não demonstrou nenhum ressentimento contra quem quer que fosse: a diretamente envolvida, Madre Teresa.

Felizmente, no mundo, muitos outros trataram – e continuam tratando – de imitá-la. Do mesmo modo que ela, também se dedicam a secar todas as lágrimas possíveis. Em todos eles, sua recordação continua viva. E, em parte, seu espírito.

Seu exemplo contagiou milhares de seguidores. Porque, felizmente, o verdadeiro bem não é menos "contagioso" que o mal, como disse Paulo VI, quando fez referência à propagação do exemplo de Madre Teresa na ocasião da entrega do Prêmio João XXIII da Paz. Certamente, uma premiação muito significativa, por várias razões. Em primeiro lugar, por estar interligada ao nome e à lembrança do Papa Bom, sem dúvida um dos mais – se não o mais – queridos da história. Em segundo, porque, da mesma forma que a Madre, ele é considerado um grande santo do século XX.

O galardão foi entregue pessoalmente por Paulo VI, comovido diante da enorme estima desfrutada por Madre Teresa. Também esteve muito presente seu predecessor, João XXIII, não só como titular da honraria, mas também porque sua atribuição econômica procedia do Prêmio Balzan (de uma famosa fundação de Veneza, onde Ângelo Giuseppe Roncalli havia sido arcebispo-patriarca por sete anos), concedido ao inesquecível Papa Bom em abril de 1963, dois meses antes de sua morte.

Essa ocasião esteve na origem de uma curiosa e reveladora anedota ocorrida em 6 de janeiro de 1971, na solenidade litúrgica da Epifania. Madre Teresa foi ao Vaticano acompanhada por algumas de suas filhas, que quiseram aproveitar quatro convites da Secretaria de Estado. (Não solicitaram mais, porque as outras Irmãs ficaram em casa ocupadas com as tarefas cotidianas a serviço dos Pobres.) Por não conhecê-la pessoalmente, o guarda encarregado dos controles do portão principal liberou somente a passagem das que portavam o convite e impediu o ingresso da homenageada. Felizmente um inspetor que passava por ali a reconheceu e resolveu o assunto, não sem um considerável constrangimento por parte do guarda exigente, que não sabia como se desculpar diante da boa religiosa. Entretanto, esta o recompensou com o mais amável dos sorrisos.

A fome de Jesus naqueles que passam fome

Madre Teresa faleceu em 5 de setembro de 1997, cercada por aproximadamente quatro mil seguidoras mais próximas: as Irmãs Missionárias da Caridade. Entretanto, no mundo, os contagiados por seu exemplo são ainda mais numerosos. É aconselhável o reconhecimento de que esses não estão apenas entre católicos e cristãos relativamente "devotos", mas também nas pessoas de boa vontade, fiéis ou não, que talvez possuam uma notícia mínima, porém autêntica, sobre quem e como era Madre Teresa e quais foram suas realizações.

O que é próprio dela e de seus seguidores não se assemelha a nenhuma Organização Não Governamental (ONG). É mais intenso e profundo, de qualidade diferente, que supera, sem excluir, uma motivação humana, intrinsecamente nobre no final das contas. No entanto, tem outra transcendência. Ela viu o rosto de Deus nos seres humanos, com maior clareza nos sofredores e nos desprezados pelos semelhantes. Essa capacidade lhe proporcionou uma força quase sobre-humana, a ponto de sua vida e seus gestos serem uma epopeia mais espiritual que simplesmente humana.

Além disso, essa qualidade peculiar não foi consequência de fantasias nem de sugestões. Teve a coragem – no caso, a graça – de seguir fielmente algumas palavras de Jesus de Nazaré, aquelas nas quais ele afirmou sua identificação com os seres humanos mais preteridos.

Jesus afirmou que nessas pessoas ele passava fome, ia à prisão e, às vezes, passava frio; em outras, o calor o sufocava. Que com elas e nelas sofria desprezo e injustiça. Que com elas suportava uma situação angustiante de desemprego. Que nelas era imigrante e perseguido político. Que nelas e com elas sofria privações e solidão. E que com elas e nelas contraía enfermidades; algumas curáveis se socorridas a tempo, outras incuráveis, porém mais insuportáveis pelo desprezo daqueles que tinham medo de contágio ou pela comodidade, outro nome do egoísmo.

Esse discurso sobre pobres, presos, enfermos, marginalizados, abandonados por seus semelhantes foi sublinhado por Cristo com a garantia de que tudo o que fosse feito para alimentá-los e vesti-los, consolá-los e curá-los, oferecer-lhes calor humano e companhia seria considerado como se feito a si próprio.

Contudo, essa é a paráfrase. As palavras autênticas de Jesus, da mesma forma que nos chegaram e continuam para sempre no Evangelho, soam de modo levemente distinto. É fundamental a lembrança ao pé da letra pelos que talvez são acometidos de certo esquecimento. Encontradas no Evangelho de Mateus (25,31-46), estão relacionadas a seguir:

> Quando o Filho do Homem vier em sua glória, acompanhado de todos os anjos, ele se assentará em seu trono glorioso. Todas as nações da terra serão reunidas diante dele, e ele separará uns dos outros, assim como o pastor separa as ovelhas dos cabritos. E colocará as ovelhas à sua direita, e os cabritos à sua esquerda. Então o Rei dirá aos que estiverem à sua direita: "Vinde, benditos de meu Pai! Recebei em herança o Reino que meu Pai vos preparou desde a criação do mundo! Pois eu estava com fome, e me destes de comer; estava com sede, e me destes de beber; eu era forasteiro, e me recebestes em casa; estava nu e me vestistes; doente, e cuidastes de mim; na prisão, e fostes visitar-me". Então os justos lhe perguntarão: "Senhor, quando foi que te vimos com

fome e te demos de comer? Com sede, e te demos de beber? Quando foi que te vimos como forasteiro, e te recebemos em casa, sem roupa, e te vestimos? Quando foi que te vimos doente ou preso, e fomos te visitar?". Então o Rei lhes responderá: "Em verdade, vos digo: todas as vezes que fizestes isso a um destes mais pequenos, que são meus irmãos, foi a mim que o fizestes!". Depois, o Rei dirá aos que estiverem à sua esquerda: "Afastai--vos de mim, malditos! Ide para o fogo eterno, preparado para o diabo e para os seus anjos. Pois eu estava com fome, e não me destes de comer; com sede, e não me destes de beber; eu era forasteiro, e não me recebestes em casa; nu, e não me vestistes; doente e na prisão, e não fostes visitar-me". E estes responderão: "Senhor, quando foi que te vimos com fome ou com sede, forasteiro ou nu, doente ou preso, e não te servimos?". Então o Rei lhes responderá: "Em verdade, vos digo, todas as vezes que não fizestes isso a um desses mais pequenos foi a mim que o deixastes de fazer!". E estes irão para o castigo eterno, enquanto os justos irão para a vida eterna.

O desejo de saciar a sede de Jesus

Com razão, Teresa de Calcutá considerou que as palavras de Jesus eram dirigidas expressamente a ela. É claro que também eram direcionadas a outros: a você, a mim, a todos.

O ato de alimentar e matar a sede, de vestir e visitar Jesus forasteiro e na prisão é condição indispensável para o recebimento da herança do Reino preparado desde a fundação do mundo, e não o contrário, ou seja, da condenação eterna como destino irrefutável. Em palavras mais inteligíveis, significa a suprema alternativa final de salvação ou condenação, mais expressiva no dilema de ir para o céu ou para o inferno.

Na infância e adolescência, talvez a futura Madre Teresa também estivesse familiarizada com a linguagem religiosa, revestida de realismo popular, e que também se propusesse, com o temor das pessoas de bem, e não dos cristãos mais perfeitos, à questão suprema de salvar-se *versus* condenar-se, de ir para o céu e não para o inferno.

No entanto, ela logo superou essa mentalidade, pelo menos na vida adulta. Não, evidentemente, por um progresso razoável na semântica nem na sintaxe; nem porque, com a aprendizagem teórica, fosse aprendendo a expressar-se melhor.

O principal objetivo de sua motivação no auxílio aos Pobres, "os mais pequenos", não foi situar-se à direita em vez de à esquerda do Juiz supremo, mas sim de saciar neles a sede do Divino Sedento, o que se transformou em ideal de vida, um resumo e condensação de todos e de cada um de seus gestos.

Por esse motivo, desde os primeiros tempos, em todas as capelas das Missionárias da Caridade, há um lugar de destaque no altar, onde se lê a expressão de Jesus Crucificado: *I thirst!* (tenho sede). Isso resume as diversas formas de sede de Cristo nos Pobres do mundo em todos os tempos.

Não foi fácil

Madre Teresa seguiu tão fielmente o exemplo de Jesus identificado com os Pobres que dedicou a vida a praticá-lo. Não se importou com o fato de que muitos a quem eram dirigidas essas palavras não as levassem em consideração. Somente alguns, que graças ao exemplo de Teresa de Calcutá são milhares, se esforçam para imitá-la mais detalhadamente.

São muitos – graças a Deus! – os que se deixam contagiar pelo exemplo de Teresa de Calcutá. Ainda que não seja definitivamente por seu exemplo, mas porque, observado nela, é mais próximo ao Modelo divino: Jesus de Nazaré.

No entanto, ninguém pense que, embora sem queixas, ela nunca encontrou obstáculos em seu caminho. Seria equivocado o pensamento de uma trajetória fácil pelo fato de, no final da vida, ser agraciada com prêmios nunca buscados e ter recebido aplausos que antes a embaraçavam.

Fácil, nunca! Para ela, o fardo sempre foi pesado. Porém não somente a força de sua fé, como também a humildade a sustentaram e foram o segredo da árdua vitória.

Capítulo 2

UMA BOA FAMÍLIA, UMA SANTA MÃE!

Para que não se transmita a impressão de que este capítulo se inicia pelo final, vale relatar os fatos desde o princípio.

Teresa de Calcutá nasceu em 26 de agosto de 1910, em uma localidade remota da Europa, o então pequeno povoado de Skopje, primeiramente pertencente à Albânia e depois à Iugoslávia. Em julho de 1963, foi quase sepultado por um terremoto. Reconstruído com o auxílio de arquitetos japoneses, tornou-se a capital* da Macedônia após a guerra civil dos Bálcãs, no início da década de 1990.

Aquele Skopje nativo de 1910 esteve sempre nas lembranças de Madre Teresa, pois lá viveu com a família e passou sua infância e adolescência; no mesmo lugar, também amadureceu sua vocação inicial. Porém ausentou-se dali para desenvolver uma história que, de acordo com os desígnios do Altíssimo, necessitava de outro cenário.

A experiência acumulada por Teresa de Calcutá em 87 anos de vida foi tributária de uma menor, originária do período da infância, na qual, em vez de Teresa, se chamava Gonxha, o equivalente a Inês** (em albanês, o significado mais parece ser

---

* A reconstrução de Skopje (ou Skoplje) deu origem a uma cidade moderna. (N. R.)

** Ou Agnes. (N. R.)

"pimpolho"). Esse nome foi escolhido por seus pais, Nikolle (que pode ser traduzido por Nicolau) Bojaxhiu e Drana (há quem traduza por Rosa) Bernaj, na ocasião de seu Batismo, realizado no dia seguinte ao nascimento.

Nikolle e Drana formavam um casal trabalhador, harmonioso nos ideais humanos e religiosos, e cristãos praticantes. No início, a vida estava bem encaminhada. Tiveram três filhos sadios e bem-dotados, cuja diferença de idade variava entre um ano e meio e dois anos: Aga (Águeda*), a primogênita, Lazar (Lázaro), o segundo, e Gonxha, a caçula.

Viagens de negócios de Nikolle Bojaxhiu

Do ponto de vista econômico, o casal tinha um bom nível financeiro. À herança dos pais lavradores, originários de Prizren, somaram-se o aguçado tino empresarial e a correta administração de uma loja de materiais de construção gerenciada por Nikolle, auxiliado por um sócio de origem italiana.

Não só teve a exclusividade do mercado do ramo em Skopje e nas proximidades, como também a atividade de importação e exportação com os países mais próximos atingiu números alentadores. Seu negócio prosperava. À predisposição para as relações humanas, unia-se uma rara facilidade para o aprendizado de outros idiomas; além do servo-croata, falava francês e italiano.

Igualmente, era ativo, quase multifacetado, do qual não existem muitos protótipos: administrava os negócios, participava da banda municipal e dedicava-se à política – exercia a função de vereador em Skopje –, sem descuidar da atenção à esposa e aos filhos, com os quais era, ao mesmo tempo, exigente e compreensivo.

---

* Ou Ágata. (N. R.)

Com frequência, ele viajava para o exterior. Tratava-se de ausências breves, porém proveitosas, não só para os negócios, mas também para a família. Nunca retornava das viagens sem presentes para Drana e seus filhos. Sobretudo relatava fatos interessantes, que todos escutavam de boa vontade, pois era um narrador agradável e brilhante.

Após cada retorno, comprovava pessoalmente, mediante um pequeno exame, o aproveitamento dos filhos nos estudos. Também os questionava sobre seu comportamento com a mãe e os demais. Posteriormente, em mais de uma ocasião, Lazar se recordaria destas palavras do pai: "Não se esqueçam de quem vocês são filhos, nem das metas que devem alcançar".

Órfã de pai desde os 9 anos

Em uma nação abalada por duros contratempos ao longo de sua história, em virtude da submissão quase permanente a potências estrangeiras – como Turquia, Bulgária, entre outras –, Nikolle era militante político; ainda que apenas em âmbito municipal, sua atuação era mais como um serviço à autonomia do país que como pretexto para satisfazer ambições de cunho social ou econômico.

Essa dedicação lhe foi mortal e dramática para sua família. Em 1919, quando Gonxha tinha apenas 9 anos, após um congresso de cunho nacionalista realizado em Belgrado, Nikolle voltou em uma ambulância para ser internado no pequeno hospital de Skopje. Os espasmos de que padecia eram acompanhados de forte hemorragia interna. Encaminhado à sala de cirurgia para ser submetido a uma intervenção cirúrgica, ele faleceu durante a operação. A seu enterro, compareceu toda a Skopje, em uma manifestação da consideração geral à memória e de solidariedade para com a viúva e os três pequenos órfãos. Todos consideraram o falecimento como uma perda irreparável, tanto para a família como para o povoado.

O respeito pela dor da família fez que os comentários relacionados à morte do músico e vereador Nikolle Bojaxhiu fossem apenas sussurros. No entanto, entre eles, o mais cruel golpeou dolorosamente os ouvidos do filho. Embora houvesse decorrido muito tempo a partir do dramático episódio, Lazar nunca conseguiu livrar-se da suspeita de que o pai fora vítima de um atentado terrorista e faleceu vitimado por envenenamento provocado pelos inimigos políticos.

A coragem de mamãe Drana

A trágica circunstância do falecimento do comerciante e político, sobretudo do marido e pai, fez que a situação se modificasse totalmente para a viúva e os filhos, em todos os sentidos e sob todos os aspectos, a começar pelo econômico. O sócio de Nikolle liquidou de maneira fraudulenta a parte da família Bojaxhiu e confiscou o negócio para si mesmo.

Para continuar a criação dos filhos, foi necessária a reciclagem de mamãe Drana no ofício de tecelã, exercido quando solteira. Para que não lhes faltasse o indispensável não somente na parte material, mas também na formação humana e religiosa, desdobrou-se em pai e mãe. Também zelou pelo aproveitamento escolar e esforçou-se para que tivessem uma sólida formação espiritual.

Muitos anos mais tarde, Madre Teresa se lembraria dessa época:

> Estávamos todos muito unidos, especialmente por causa da morte de meu pai. Vivíamos uns para os outros, esforçando-nos para nos fazer mutuamente felizes. Éramos, sobretudo, uma família muito unida e feliz.

Em Skopje, a única escola existente era aconfessional, frequentada por filhos de judeus, muçulmanos e católicos (ortodoxos e romanos), dentre os quais os católico-romanos totalizavam um número menor, cuja porcentagem não chegava a 10%. Dispunham de uma paróquia, a do Sagrado Coração de Jesus, confiada aos cuidados de um sacerdote jesuíta. A sra. Bernaj com os filhos eram alguns dos frequentadores mais assíduos. Nunca faltavam à missa dominical. Também assistiam com frequência à missa semanal, especialmente nos meses de maio e outubro. No trecho a seguir, está relacionada uma recordação de Lazar:

> Morávamos perto da igreja paroquial do Sagrado Coração. Às vezes, minha mãe e minhas irmãs, Aga e Gonxha, davam a impressão de viver tanto na igreja como em casa. Minhas irmãs estavam interessadas pelo coro paroquial, pelos serviços religiosos, pelos temas missionários.

Aga e Gonxha pertenciam ao coro paroquial, no qual esta era solista. E não somente assistiam aos encontros de catequese (incluindo Lazar), como também pertenciam à associação juvenil de Filhas de Maria.

A sra. Bernaj, contudo, não se contentava com o fato de que sua vida religiosa e espiritual e a de seus filhos se limitassem ao âmbito eclesiástico. Rezava sozinha e em família. Nos meses de maio (em que sempre cumpriam sua devoção mariana, a peregrinação ao santuário de Letnice, na Montanha Negra), o rosário era prática religiosa frequente. Além disso, a bênção à mesa e a ação de graças após as refeições eram costumes diários.

A caridade de mamãe Drana para com os Pobres

A religiosidade da família Bojaxhiu também era expressa de outras maneiras, inicialmente pela mais concreta: a caridade para com os Pobres, praticada na época em que Nikolle ainda vivia e a situação econômica era mais tranquila. Porém, não deixaram de executá-la quando, após o falecimento do pai, foram atingidos pelas privações.

Décadas depois, Lazar se recordaria do exemplo da excelente generosidade materna:

> Não permitia jamais que nenhum dos numerosos pobres que batiam à nossa porta partisse de mãos vazias. Quando algum de nós, normalmente eu, dava mostras de estranhar tanta generosidade, minha mãe argumentava: "Não se esqueçam de que alguns são nossos parentes. Porém, mesmo que não fossem, somente pelo fato de serem pobres são nossos irmãos".

Tal fato foi algo de que o próprio Lazar se lembrou, comovido a respeito da mãe: seu testemunho eloquente e concreto de que a hospitalidade e o ato de partilhar não deviam ser limitados aos parentes e conhecidos. Para ela, todos os necessitados eram merecedores da partilha do alimento, ainda que escasso, uma vez que esse era o principal preceito de Cristo.

Além disso, mesmo após transcorrido meio século, ele se recordaria da religiosidade e da fortaleza de mamãe Drana. Embora fosse mais explícito em suas recordações que Gonxha, ambos evocavam algo gravado de modo indelével nos corações: a generosidade materna para com os Pobres.

É claro que não diminui os méritos da filha – que se transformaria em Madre Teresa – o registro de que a imensa generosidade distinguida em sua vida e obra, até torná-la um dos modelos mais singulares do amor aos Pobres, originou-se do desenvolvimento de um germe posto em sua alma pelo exemplo materno e, até certo ponto, também paterno.

Tanto Lazar como Gonxha nunca se esqueceriam de uma expressão utilizada constantemente pelos pais: "Nunca leve à boca nada que não esteja disposto a compartilhar com os Pobres".

Primeiros sinais de vocação aos pés da Virgem Maria

A infância e a adolescência de Gonxha foram relativamente normais, como as de qualquer menina e adolescente de sua idade. No entanto, temos algumas pistas para nos auxiliar na reconstrução do substancial de sua adolescência e juventude. Primeiramente, vale citar algo dito por Lazar sobre a irmã: ao ver sua doação aos outros, parecia visualizar nela a própria mãe. Também mencionou que ambas tinham dois lugares preferidos: a simplicidade do lar e a presença frequente na paróquia do Sagrado Coração de Jesus.

Gonxha era fascinada pela leitura, especialmente pelos relatos missionários, dos quais se abastecia na pequena biblioteca paroquial. O pároco, padre Jambrenkovich, deixava sempre à disposição de todos a revista das missões *Katolicke Misije*, publicada pela província eslava da Companhia de Jesus. Algumas vezes, os volumes traziam relatos de um missionário natural de Skopje que fora enviado para a Índia, os quais ela considerava particularmente interessantes. Essa leitura lhe inspirou o desejo de ser missionária. No entanto, como tinha apenas 12 anos, era muito jovem para decidir algo tão importante. É provável que, ao comentar sua intenção com alguém – talvez sua mãe ou o pároco –, essa pessoa lhe tenha dito que, de imediato, não deveria levar a sério essa vontade. Por isso, o mais prudente era esperar e rezar.

Nesse período, não consta que ela insistisse em seu objetivo. Contudo, é certo que a leitura das façanhas missionárias continuou a monopolizar suas preferências. Segundo seus relatos, próximo da data de completar 18 anos, sentiu novamente o desejo de ser missionária. A confirmação veio-lhe quando estava aos pés de Nossa Senhora de Letnice, padroeira de Skopje, no santuário localizado na Montanha Negra, próximo ao povoado. A iluminação particular ocorreu provavelmente em 1927, no dia da festa da santa, celebrada em 15 de agosto.

Assim se expressou a própria Madre Teresa, quase um quarto de século depois:

> Foi aos pés de Nossa Senhora de Letnice que ouvi pela primeira vez o chamado divino, que me convenceu de que eu tinha de servir a Deus e colocar-me inteiramente a seu serviço. Lembro-me da tarde de sua Festa da Assunção. Eu estava rezando, segurando uma vela e cantando, com o coração transbordante de alegria, quando decidi me consagrar inteiramente a Deus por meio da vida religiosa. Lembro muito bem que foi no santuário de Nossa Senhora de Letnice, próximo de Skopje, que ouvi a voz de Deus, que me chamava para ser sua por inteiro, consagrando-me por inteiro a ele e a serviço do próximo. Era um desejo que durante um tempo eu havia levado em segredo em meu coração. Lembro-me ainda muito bem daqueles momentos, assim como de alguns dos hinos que cantávamos a Nossa Senhora, especialmente um intitulado *Në Cëernagore kem nji Nanë* (Temos uma Mãe na Montanha Negra).

Ela terminou essa comovente lembrança com o seguinte relato:

> Há alguns anos, eu tive a oportunidade de voltar a Skopje e ir a Letnice. Foi muito emocionante para mim poder ajoelhar-me de novo diante da imagem de Nossa Senhora e rezar a ela. O manto da Virgem era outro, mas seus olhos e seu olhar continuavam a ser os mesmos depois de tanto tempo. Com minhas orações, quis expressar minha gratidão a Deus pelos anos transcorridos desde a primeira vez que deixei Skopje. Foram anos muito proveitosos. Não tenho vergonha de dizer que, se tivesse de começar de novo, voltaria a deixar Skopje para repetir meu itinerário. Encontrei

> Skopje muito mudada, mas continuava a ser minha Skopje, onde vivi minha infância com minha família e onde fui muito feliz.

Após informar a mãe, Gonxha expressou o desejo de ser missionária ao Padre Franjo Jambrenkovich. O sacerdote quis buscar provas sobre a seriedade da vocação da jovem para saber se quem realmente a chamava era Deus. Então ela lhe perguntou: "Como posso saber de verdade se é Deus que me chama?". O padre respondeu-lhe da seguinte maneira:

> Se se sente feliz com a ideia de que Deus a chama para servi-lo e servir ao próximo, nisso você terá uma prova de sua vocação. A profunda alegria do coração é como uma espécie de bússola que indica o caminho que se deve tomar na vida. Deve-se segui-lo, mesmo quando se trata de um caminho semeado de dificuldades.

A angústia materna

Quantas dificuldades se interpunham entre a jovem Gonxha e o caminho de sua vocação! A primeira, e não a mais fácil, era o amor nutrido pela mãe e pelos irmãos, pois, segundo suas palavras, "constituíam uma família muito feliz, em cujo seio cada um resumia sua felicidade em fazer os demais felizes".

De outras dificuldades, ela ainda não tinha consciência exata, embora as intuísse. Todas se lhe apresentariam de modo gradual. Uma delas foi a tristeza sentida pela mãe. No dia que, de maneira firme, Gonxha lhe comunicou o desejo de ser religiosa, mamãe Drana não pôde evitar uma intensa angústia, que a levou a se fechar por algumas horas em oração e para dominar seu sofrimento.

Após aquele recolhimento, ao qual considerou um Getsêmani, mamãe Drana controlou seus sentimentos. Procurou Gonxha e respondeu-lhe com firmeza: "Sim, filha, pode ir. Porém, procure entregar-se inteiramente a Deus e aos Pobres".

Aquelas palavras calaram fundo na alma da jovem. Várias vezes, mesmo após o falecimento da mãe, Madre Teresa as evocaria, convencida de que, na hora do Juízo, a genitora lhe pediria contas de sua fidelidade na entrega a Deus e aos Pobres.

Capítulo 3

DESPEDIDA DA MÃE E DA IRMÃ, AS QUAIS NÃO MAIS VERIA

Após ser esclarecida a realidade de sua vocação e obtida a aprovação materna, ainda havia alguns passos importantes a ser dados. Queria ser missionária, possivelmente na Índia. Manifestou essa vontade ao pároco, que foi conversar com sua mãe.

Diante da situação, Padre Jambrenkovich não soube lhe recomendar nenhuma congregação mais adequada que a das Irmãs de Nossa Senhora de Loreto, de origem irlandesa (as chamadas Senhoras Irlandesas), dedicada ao ensino e às missões. Tinha boas informações a respeito dessas religiosas, relacionadas a sua presença e atividade missionária na Índia. Se essas monjas possuíssem casas na Albânia ou em algum país vizinho, seria mais fácil a superação das dificuldades. No entanto, a residência mais próxima das Irmãs de Nossa Senhora de Loreto se localizava nos arredores de Dublin.

Quando os fatos são analisados retrospectivamente, salta aos olhos a dificuldade de apresentar para mãe e filha a perspectiva da viagem nos trens da época entre a Albânia e a Irlanda, de Skopje a Dublin, que não possuíam fronteiras comuns, sem esquecer o custo da passagem para as exíguas economias familiares e a dificuldade do idioma.

A fortaleza dessa vocação é deduzida pela capacidade de Madre Teresa na superação de dificuldades extraordinárias. Vale ressaltar também a coragem, a fé e o desprendimento da mãe e dos irmãos ao verem-na empreender uma viagem com muitas probabilidades de distanciá-la da família – exceto quanto a Lazar, de modo muito parcial, com quem ela se encontrou quando os dois estavam na fronteira da terceira idade, e nada mais.

A despedida de suas companheiras de escola e de coro paroquial, bem como de alguns parentes, ocorreu na estação de Skopje. Após muitos anos, uma testemunha da cena, primo consanguíneo da jovem Gonxha, lembraria o descumprimento geral da promessa unânime do não derramamento de lágrimas a fim de facilitar a situação para a viajante.

Gonxha também não conseguiu segurar o choro. Quando o trem se pôs em movimento, ela surgiu à janelinha agitando um lencinho como resposta à saudação das amigas e dos companheiros. Porém, antes da primeira curva, levou-o aos olhos para enxugá-los.

Exame em Paris

Naquela manhã, na estação de Skopje, a despedida entre Gonxha e sua família não era definitiva, pois, no mesmo trem e na mesma cabine que ela, estavam a mãe e a irmã, Aga, que a acompanharam até Zagreb, onde foram acolhidas por amigos do Padre Jambrenkovich. Permaneceram nessa cidade por três dias, porque houve um atraso na chegada da jovem eslava Betika Kajnc, que, como Gonxha, solicitara a admissão como aspirante na Congregação das Irmãs de Nossa Senhora de Loreto. Após a vinda da jovem, mamãe Drana e Aga retornaram ao lar, enquanto Gonxha e sua companheira partiram de trem na direção oposta.

Custa – ou não! – imaginar que tipos de sentimentos e temores invadiam os corações das quatro viajantes, entre as quais os quilômetros de distância se interpunham à medida que os minutos e as horas passavam intermináveis. Ao chegarem em casa, mamãe Drana e Aga se depararam com o vazio deixado por Gonxha, cuja viagem continuaria rumo a um destino muito mais longínquo.

Entre Zagreb e Rathfarnham, situada no subúrbio de Dublin, a viagem das jovens teve uma breve escala. As Irmãs de Nossa Senhora de Loreto possuíam uma pequena casa nos subúrbios de Paris. A superiora-geral, com residência em Dublin, havia sugerido ao pároco do Sagrado Coração de Skopje que Gonxha descansasse um pouco da longa viagem e se submetesse a um pequeno exame por parte da superiora local.

Tratava-se de uma prova de confirmação, para maior segurança. Caso a delegada da superiora-geral na França encontrasse razões para não duvidar da aptidão da jovem Gonxha, haveria um motivo mais sólido para a continuidade da segunda etapa do trajeto pelo norte da França, pelo Canal da Mancha, pelo sul da Inglaterra e um percurso em *ferryboat** até a casa-geral das Irmãs de Nossa Senhora de Loreto, situada nas proximidades da capital irlandesa.

Dois meses na Irlanda, próximo a Dublin

O resultado do exame foi positivo. Apenas foi preciso superar a dificuldade de comunicação, pois nem a delegada da superiora-geral, na França, nem a jovem candidata eslava conseguiam trocar sequer uma palavra; além disso, nem esta falava inglês nem aquela albanês. A dificuldade foi superada com a colaboração

* Balsa. Em inglês no original. (N. R.)

de um diplomata iugoslavo conhecido em Paris, que se ofereceu como intérprete.

Superada essa fase, Gonxha seguiu viagem para Dublin. Quando chegou, foi acolhida com um misto de carinho e curiosidade, uma vez que se tratava da primeira postulante eslava da Congregação. Contudo, a permanência das jovens em Rathfarnham foi breve.

Dois meses foram suficientes para a adaptação à nova vida e um contato com a língua inglesa, idioma oficial da Congregação. E também para se familiarizar um pouco com a história das Irmãs de Nossa Senhora de Loreto. Posteriormente, as jovens foram aconselhadas a falar entre si apenas em inglês. Então notaram que, por mais que a língua de Shakespeare lhes parecesse muito difícil, o método era eficaz.

Capítulo 4

DESTINO: CALCUTÁ

Assim que dispôs de um transporte adequado, a jovem albanesa embarcou para a Índia em companhia de Betika Kajnc para realizar o sonho de ser missionária. Se o percurso entre a Albânia e a Irlanda havia sido imensamente longo em quilometragem e em dias, o da Irlanda à Índia foi ainda mais extenso em milhas e meses. Tal fato ocorreu no início de novembro de 1928. Gonxha chegou a seu destino em 6 de janeiro (do ano seguinte!), dia da festa da Epifania.

A pedido da revista *Katolicke Misije*, a mesma que, de certo modo, a auxiliara na descoberta de sua vocação missionária, Gonxha escreveu um pequeno diário de viagem para a publicação. Com pinceladas de eficaz simplicidade, ela relata o contraste da grande pobreza observada nos portos onde atracava a embarcação que a conduzia a seu destino.

Na crônica amena e vibrante, ela destacou a profunda tristeza sentida no Ceilão (atual Sri Lanka), quando observou seres humanos puxando jinriquixás para o transporte de pessoas. Porém, embora considerasse o espetáculo desumano, em uma parada foi obrigada a aceitar um desses "táxis" conduzidos por "cavalos humanos".

Com as duas aspirantes a Irmãs de Nossa Senhora de Loreto na embarcação chamada Marcha, também viajavam duas religiosas franciscanas, uma das quais possuía um tio em Colombo. Avisado com antecedência, ele recebeu a sobrinha e suas companheiras em sua casa, no período que durou aquela parada.

De acordo com a tradição do local, ele contratou um jinriquixá para o transporte de suas hóspedes, cuja aceitação – sobretudo para Gonxha – foi muito difícil. Da mesma forma que suas companheiras, ela concordou com o generoso oferecimento do sr. Scalon para não se mostrar descortês. Mas somente Deus soube a dor que sentiu por fazê-lo.

Crônica de uma travessia de barco

É muito provável que a tarefa da descrição das peripécias da viagem contribuísse para amenizar o trajeto e manter Gonxha distraída, naturalmente sem descuidar dos detalhes mais importantes. Mas também não tem por que parecer estranho o pensamento da possibilidade e a probabilidade de que seu diário, depois de publicado, fosse lido por sua mãe e seus irmãos e até mesmo pelas amigas de Skopje e transformasse mentalmente seu exercício de redação em uma espécie de diálogo a distância com algumas pessoas.

Tal fato se transforma em uma razão a mais, como se fosse necessário, para não nos privarmos de retomar o documento das páginas da já (há décadas) extinta publicação e oferecê-lo ao leitor. Como não fazê-lo de modo emocionado a partir da lembrança de que o texto nasceu da pena de uma jovem cujo nome de Batismo era Gonxha Bojaxhiu, que anos mais tarde – para sempre – se chamaria Madre Teresa de Calcutá!

Com aproximadamente um mês de viagem e a aproximação de sua meta, este era o estilo narrativo de Gonxha:

> No dia 27 de dezembro [de 1928], aportamos em Colombo. O sr. Scalon, irmão [sic] de uma das religiosas franciscanas que

> viajavam conosco, nos esperava no cais. A primeira coisa que fizemos assim que pisamos terra firme foi visitar a capelinha de São José para dar graças a Deus. Depois fomos à casa do sr. Scalon. No caminho, tratei de observar, não sem surpresa, a vida pelas ruas. Chamaram minha atenção os trajes elegantes dos europeus, em contraste com as roupas multicoloridas dos habitantes de pele escura, cuja maioria, no entanto, caminhava seminua. Seus pés e cabelos brilhavam à luz do sol, deixando entrever com clareza a grande miséria em que viviam. Quem nos inspirava maior compaixão, porém, eram os que puxavam pequenas carruagens, quase como se fossem cavalos. Comentávamos entre nós que por nada deste mundo estaríamos dispostas a utilizar semelhantes meios de transporte. Aconteceu, contudo, de o sr. Scalon, mais acostumado com os costumes do lugar, sem nos consultar e ignorando nosso ponto de vista, decidir nos levar para sua casa exatamente em uma daquelas carruagens. Como é mais que natural, tanto Betika quanto eu, como nossas companheiras franciscanas, nos sentimos consternadas, mas não tivemos outro remédio senão aceitar. Não sem suplicar interiormente que o fardo fosse milagrosamente leve para aqueles que estavam encarregados de nos transportar. É inútil dizer que nos sentimos muito aliviadas quando, ao chegarmos à residência do sr. Scalon, eles nos descarregaram.

O leitor pode imaginar a dedicação de uma Madre Teresa com tempo e talvez com vontade – digamos com amor-próprio – para registrar por escrito tudo o que presenciou, observou e analisou nas mil e uma – quase literalmente! – mais longas que breves viagens de sua felizmente longa e fecunda vida?

Escala em Madras

Nesse caso, o exemplo é ainda mais amplo. Em sua viagem rumo à Índia, a parada na capital do Ceilão ainda lhe forneceu material para outros parágrafos que não devem ser desperdiçados:

> No dia seguinte, fomos assistir à missa na bela capela das Irmãs do Bom Pastor. Entre outras coisas, elas nos disseram que em Colombo existe uma excelente população católica, com um bom contingente de protestantes e budistas. Quando por volta das sete e meia da noite voltamos à embarcação, alegramo-nos muito ao encontrarmos um sacerdote católico jesuíta que se dirigia a Darjeeling, com um itinerário igual ao nosso. Graças a ele pudemos assistir à missa todos os dias, razão pela qual a vida a bordo se tornou mais suportável para nós. A última noite do ano não foi muito solene, mas entoamos o *Te Deum* em nossos corações. Na manhã seguinte, tivemos uma missa cantada, por isso o começo do ano-novo foi muito mais solene que o final do anterior.

O Marcha se aproximava de seu destino. Porém, tanto os passageiros como a tripulação ignoravam que, mesmo sem saber, a jovem albanesa, cronista ocasional, imortalizaria aquela viagem. Ela mesma descreveu isso sem a consciência real da representação desse fato em sua vida:

> Ao entardecer, chegamos a Madras. Desde a costa, já se observava um quadro de certa aflição. Quando na manhã seguinte percorremos a cidade, nós nos sentimos intensamente abaladas pela pobreza de seus habitantes. Ao lado das muralhas de circunvalação, vive amontoada uma multidão de famílias. Passam dias e noites ao relento, tendo como piso folhas de palmeiras, quando não um chão nu. Andam quase nus. Na melhor das hipóteses, sua única vestimenta consiste em alguns andrajos à altura dos rins. Trazem uns aros de metal muito finos nos braços e nas pernas e uma espécie de adorno no nariz e nas orelhas. Na fronte, trazem símbolos de caráter religioso.

Pelos relatos, percebe-se que ela prestava muito mais atenção às pessoas que às paisagens e aos edifícios. Isso condizia com seu temperamento e a mentalidade da época e haveria de ligar-se muito mais intimamente com o que estava destinado a ser sua missão fundamental de vida. Ao passar por Madras, escreveu:

> Ao percorrermos uma das ruas, tivemos ocasião de ver uma família reunida em torno de um parente morto, cujo cadáver aparecia envolvido em uns pobres trapos vermelhos. O corpo estava coberto de flores amarelas e o rosto pintado de listras multicolores. Era um quadro horroroso. Se nossa gente tivesse ocasião de observar esses espetáculos, certamente deixaria de se lamentar de suas pequenas contrariedades e agradeceria a Deus por sua generosidade. De passagem, encontramos um convento, onde nos detivemos um pouco. Disseram-nos que na região os católicos eram abundantes, mas todos muito pobres. As pessoas não andam nuas, é verdade, mas vivem em condições de extrema pobreza, que os missionários não conseguem remediar.

Desembarque em Calcutá

Como foi citado anteriormente, em 6 de janeiro de 1929, após uma viagem de 37 dias, Gonxha chegou a Calcutá, que a princípio era seu destino provisório. Nesse ponto, é obrigatória a retomada da narração do primeiro encontro com aquela que seria sua cidade:

> Em 6 de janeiro, deixamos o mar e adentramos pelo Ganges, considerado o rio sagrado dos indianos. Pudemos, dessa maneira, tomar contato com nossa nova pátria, Bengala. A natureza apresentava-se maravilhosa diante de nossos olhos. Em alguns pontos, avistavam-se belos edifícios, e entre as árvores se espalhavam alguns pequenos bazares. Estávamos impacientes para chegar. Não tardamos em saber que o número de católicos é escasso. Quando nossa embarcação ancorou, todas nós entoamos um silencioso *Te Deum*. No cais esperavam nossas irmãs indianas. Com alegria indescritível e acompanhadas por elas, nós pisamos pela primeira vez o solo bengalês. A primeira coisa

> que fizemos foi ir direto à capela da casa para dar graças a Deus por ter chegado sãs e salvas a nosso destino. Está previsto que permaneçamos aqui uma semana, para depois nos trasladar a Darjeeling pelo tempo que durar nosso noviciado.

Concluía sua crônica de viagem com uma súplica aos leitores de *Katolicke Misije* feita em seu nome e no de sua companheira Betika Kajnc: "Pedimos orações para que possamos ser boas missionárias".

Capítulo 5

NOVICIADO EM DARJEELING

A primeira estada de Gonxha em Calcutá durou pouco mais de uma semana. Foi tão breve que ela partiu sem tempo nem ocasião de visitar os monumentos e percorrer as ruas. Na cidade, as Irmãs de Nossa Senhora de Loreto tinham seu quartel-general da Índia. Em uma extensa propriedade, dispunham de uma residência para aproximadamente 50 Irmãs e duas escolas de ensino fundamental e médio para meninas. Uma delas, a mais famosa, chamava-se St. Mary's High School, frequentada por meninas e adolescentes de classes média e alta, a maioria filhas de empresários e funcionários europeus. Era uma *boarding school*, isto é, uma escola-internato particular. (Para os meninos, havia outro colégio não menos famoso, o Xavier's College, dirigido pelos jesuítas.) A outra, denominada mais sucintamente Entally, pelo bairro onde estava situada, era frequentada por filhos de famílias modestas. Era uma *free school*, isto é, uma escola gratuita e pública.

Talvez para alguns a menção seja supérflua, mas é necessário o esclarecimento de que a situação da jovem em Calcutá reproduzia e reproduz a das Irmãs de Nossa Senhora de Loreto, ou "Senhoras Irlandesas": onde quer que se estabeleçam, dedicam-se à educação e à formação humana e religiosa da infância e adolescência femininas em colégios de nível social elevado, mas mantêm pelo menos um número correspondente de escolas e atividades totalmente gratuitas, com dedicação apostólica equivalente em locais socialmente pobres e menos protegidos.

As Irmãs residentes em Calcutá eram professas. Em contrapartida, a casa de formação, postulantado e noviciado ficava a várias centenas de quilômetros, em Darjeeling, no sopé do Himalaia. Foi precisamente a essa localidade que Gonxha se trasladou em seguida para cumprir seu noviciado de dois anos.

Gonxha (Inês) transforma-se em Teresa

O noviciado é um período no qual a candidata é convidada a passar por várias experiências, às vezes consideradas difíceis, para a adaptação à rotina da congregação religiosa. À frente, costuma estar uma religiosa com uma boa experiência de vida espiritual e profunda conhecedora das constituições.

Em algumas ordens, o noviciado é mais rigoroso – e de fato o era entre as Irmãs de Nossa Senhora de Loreto –, e chega-se a dizer que a pessoa que supera essa fase é considerada diferente. Essa transformação, tanto entre as referidas Irmãs como em outras congregações religiosas, especialmente femininas, é simbolizada com a adoção de um nome diferente ao de Batismo, por ocasião da profissão dos votos de castidade, pobreza e obediência.

Em 24 de março de 1931, a noviça Gonxha Bojaxhiu concluiu seu segundo ano de noviciado com a segura convicção, por parte de sua mestra de noviças, de que estava em condições de ser uma boa religiosa. Ela foi admitida à profissão dos votos religiosos com a consequente mudança de nome, escolhido em homenagem a uma santa então recém-canonizada, Teresa de Lisieux, também conhecida como Santa Teresinha do Menino Jesus.

Essa opção teve um significado especial para ela. Não o fez por razões de eufonia, porque soasse melhor que os demais, mas sim porque viu em Teresa de Lisieux – então recém-proclamada celestial padroeira das missões por Pio XI – um modelo a ser imitado.

Houve uma curiosa coincidência: além da noviça eslava Gonxha Bojaxhiu, havia outra de origem irlandesa que optou pelo mesmo nome de Teresa, supostamente por razões semelhantes. Para evitar confusões, foi realizado um pacto, provavelmente sugerido pela mestra de noviças: a jovem de origem irlandesa adotou a grafia francesa, Thérèse. A eslava, ao contrário, assumiu uma mais universal, Teresa, que, sem outras especificações, parecia corresponder a Teresa de Ávila, a santa espanhola reformadora do Carmelo. Tal fato originou um reiterado esclarecimento por parte da religiosa eslava, que situa perfeitamente os fatos: "Na profissão, escolhi o nome de Teresa. Não a Grande, a de Ávila, e sim a Pequena, de Lisieux".

Entre as Irmãs de Nossa Senhora de Loreto, houve uma distinção ainda mais evidente. Pelo motivo de Teresa eslava haver assimilado muito bem – provavelmente melhor que sua quase-homônima – a cultura e a língua de Bengala, suas alunas e companheiras lhe atribuíram o gentílico de Teresa, a Bengalesa (*Bengali Teresa*).

Quem ignora que, com o tempo, seu nome foi vinculado e universalizado de tal maneira com o acoplamento do gentílico e se transformou em Madre Teresa de Calcutá, inequivocamente identificador de uma pessoa que, já em vida, foi considerada santa por fiéis e incrédulos?

Professora de meninas

Recém-professa como membro da Congregação das Irmãs de Nossa Senhora de Loreto, Irmã Teresa retornou à residência de Calcutá. Concluídos em pouco tempo os estudos iniciados no segundo ano de noviciado, obteve o diploma do magistério e começou a lecionar; tarefa específica, como complemento da atividade missionária na congregação à qual havia se vinculado.

Recebeu o encargo de ensinar geografia e história, disciplinas *marías*,* que de nenhum modo considerou dessa forma. Entre os dois colégios, a obediência designou para ela o particular, St. Mary's High School.

Nessa época, havia algum tempo que a população indiana se manifestava em crescente desacordo com a condição de colônia do império britânico. Empenhada em ensinar da melhor maneira possível, Irmã Teresa evitava o incentivo das razões referentes aos cidadãos indianos, apesar de que – talvez –, se não as compartilhasse totalmente, ao menos podia entendê-las. No final das contas, sua família sofrera, especialmente o pai, as consequências da submissão da Albânia à dominação estrangeira.

Além das matérias citadas, Teresa ainda lecionava religião. É fácil entender que, para a ministração dessas aulas, ela não se detivesse na simples vertente nocional e teórica de seu ensinamento. Convidava suas alunas à prática da religiosidade com gestos concretos, cujo início era na assistência às pessoas necessitadas de seu ambiente familiar e social.

Anos mais tarde, ela afirmaria em uma entrevista:

> Uma das coisas que naquela época eu tratava de fazer era animar minhas alunas mais experientes para que fossem aos subúrbios oferecer assistência e ajuda aos pobres que estavam abandonados.

---

* Na Espanha, popularmente significa "de pouca importância", ou então, "matérias nas quais é fácil obter aprovação". (N.T.)

Renovação dos votos religiosos

Entre as Irmãs de Nossa Senhora de Loreto, do ponto de vista jurídico, a primeira emissão dos votos religiosos, mesmo teoricamente definitiva, apresentava um caráter provisório. A primeira profissão era pelo período de um ano. Após o término, não somente a candidata podia retornar à condição laical, como também, caso houvesse sérias razões para isso, as superioras teriam poderes para sua não admissão na renovação dos votos. Essa hipótese teria rompido o vínculo entre a jovem professa e a Congregação.

Caso não ocorresse nenhum dos fatos citados, como sucedeu em relação a Irmã Teresa, a jovem seria admitida à renovação dos votos por um novo período de um ano, até três renovações. Após o término dessa etapa – em que Teresa se dedicou ao ensino –, a norma previa uma renovação de alcance trienal.

Supunha-se que a prova desses anos de votos temporários, somados aos do noviciado, fosse suficiente para ambas as partes em uma decisão razoavelmente favorável à vinculação definitiva da candidata à Congregação. Não existe sequer um registro sobre Irmã Teresa Bojaxhiu de que não houvesse superado a longa prova da melhor maneira possível.

"Não esqueça, minha filha!..."

Em 25 de maio de 1937, Teresa pronunciou, em caráter perpétuo, os votos de obediência, castidade e pobreza que a vincularam à Congregação das Irmãs de Nossa Senhora de Loreto. Continuou com sua dedicação ao ensino, tarefa da qual gostava muito. Por sua vez, as alunas também encontravam razões para apreciar e sentir carinho pela professora.

Ela se sentia tão à vontade que, em uma ocasião, reconheceu ter sido uma religiosa muito feliz; com estas palavras, expressou esse sentimento: "Em Loreto, eu era a religiosa mais feliz do mundo. Estava dedicada ao ensino. Dessa tarefa, que realizada por Deus é um autêntico apostolado, eu gostava muito". Ao escrever para a casa materna, dava testemunho de sua felicidade à mãe e à irmã, que haviam se mudado para Tirana a fim de ficar mais próximas a Lazar, que estava na capital.

Um ano antes do ingresso de Gonxha na Congregação de Loreto, Lazar conseguira uma bolsa preparatória para o exército em uma academia militar austríaca. Após esse período, com o grau de sargento, foi admitido na guarda real de Zog I, rei da Albânia. Certamente, esse cargo o deixava orgulhoso. Certa ocasião, ao escrever à irmã caçula, ele se permitiu um pouco de ironia ao mencionar o sonho de ser enterrado em um convento de religiosas na remota Índia. Sem ficar ofendida, mas segura de sua opção, ela lhe respondeu que entendia a felicidade do irmão por estar a serviço de um rei deste mundo, mas que a sua não era menor por servir ao Rei dos reis e Criador do Universo.

Passaram-se anos desde o distanciamento de Gonxha de sua pequena família. Quem mais sofria com a separação era mamãe Drana, mas isso não a impediu de desfrutar a felicidade da filha. (Mamãe Drana nunca aceitou a mudança de nome da filha, e sua preferência sempre foi por aquele que, com o marido, escolhera na ocasião do Batismo.) Porém, nunca deixou de lembrá-la da única razão justificável de seu sacrifício: "Minha filha, não se esqueça de que a única razão pela qual você partiu desta casa foi o amor exclusivo a Deus e o serviço aos pobres. Mantenha-se fortemente agarrada à mão dele. Não se deixe distrair por nenhuma outra atração nem afeto terreno". Várias vezes em sua vida, Irmã Teresa manifestou sua convicção de que mamãe Drana lhe pediria contas sobre sua fidelidade à ordem tão exigente.

CAPÍTULO 6

TÃO POBRE COMO OS POBRES

A felicidade de Loreto e a infelicidade da rua

Os anos dolorosos da Segunda Guerra Mundial chegaram e foram transcorrendo, precedidos da ocupação da Albânia por parte das tropas do ditador Benito Mussolini. Foi um período particularmente cruel para a Albânia, e não menos doloroso para a Índia.

Após o término da guerra, quando suas terríveis consequências ainda eram sentidas, como mortes, carestia e fome, na Índia houve grandes enfrentamentos civis entre muçulmanos e hindus. Também ocorreram tensões ocasionadas pela violência passiva promovida por Gandhi para que o país se tornasse independente do império britânico.

Na época, na qualidade de subdiretora da St. Mary's High School, onde anteriormente lecionara história e geografia, Irmã Teresa encarou a situação com uma coragem que algumas vezes beirou a temeridade. Em mais de uma ocasião, movida pelo firme propósito de defender a integridade física das pessoas que dependiam dela e lhes prover o sustento nas circunstâncias difíceis, ela chegou a correr sérios riscos.

Houve greves gerais e toques de recolher, aos quais não respeitou, porque era o único modo de socorrer quem estava em extrema necessidade. Foi nessas circunstâncias que percebeu as condições de angústia e fome de muitos de forma mais direta. Então ocorreu um episódio que a marcou profundamente. Como pode ser comprovado, isso se repetiria em circunstâncias semelhantes, mas longe do ambiente de Loreto. O fato está relacionado a seguir:

> Certo dia, eu estava fora de Loreto, nas proximidades do Hospital Campbell, quando meus olhos descobriram o espetáculo de uma pobre mulher agonizando de fome ao lado daquele centro de saúde. Aproximei-me dela, tomei-a em meus braços e tratei de fazer que ela fosse aceita naquele hospital, mas não se importaram, por tratar-se de uma mulher pobre. Ela teve de fechar os olhos para a vida em plena rua.

Pela vida de retiro em Loreto, Irmã Teresa nunca tivera a oportunidade de observar o que ocorria ao redor; antes, vivera um pouco à margem das necessidades das ruas. Porém, a experiência daqueles anos a marcou definitivamente. Percebeu que, além das muralhas protetoras de Loreto e dos rostos joviais de suas alunas, havia situações revestidas de heroicidade na vida de muitos seres de carne e osso iguais a ela. Também notou que a disciplina conventual e as exigências do magistério, mesmo que respeitadas e vividas com absoluta fidelidade, eram muito mais suportáveis que os problemas da maioria dos cidadãos comuns.

A inspiração de deixar Loreto

Anualmente, as Irmãs de Nossa Senhora de Loreto da comunidade de Calcutá realizavam exercícios espirituais na casa onde certo número delas – exceto as que o tinham feito na Irlanda – havia feito o noviciado, professado e renovado os votos temporários até a emissão dos votos perpétuos. Uma vez por ano, na casa de espiritualidade de Darjeeling, após deixar as tarefas cotidianas por uns dias, todas faziam uma semana de exercícios espirituais, aplicados sempre por um sacerdote jesuíta.

A justificativa de os pregadores serem jesuítas não se limitava apenas porque eram os mais bem preparados para algo instituído pelo fundador da Companhia de Jesus, Santo Inácio de Loyola. Havia outra razão importante para a inspiração de Mary Ward, que, no século XVI, fundou a Congregação das Irmãs de Nossa Senhora de Loreto, na regra de Santo Inácio, quando redigia a sua. Porque, assim como Inácio de Loyola, com sua Companhia de Jesus, fora o introdutor da novidade de tirar seus membros do âmbito estritamente monacal para orientá-los ao apostolado no mundo, também Mary Ward iniciou a novidade, ainda mais árdua porque se tratava de mulheres, da justaposição e do compartilhamento do ideal contemplativo com a vida prática de suas religiosas.

Em 1946, Irmã Teresa viajou para Darjeeling e fez aproximadamente 15 exercícios espirituais por oito dias. Tal fato ocorria anualmente nas mesmas datas, como no final das férias escolares e na preparação para o novo ano letivo.

Na biografia de Teresa de Calcutá, por uma razão muito especial, ficou registrada a data de 10 de setembro de 1946, ocasião da viagem realizada a Darjeeling. No trem que fazia o itinerário entre Calcutá e Darjeeling, ela sentiu, como algo transcendente de sua vida, o que chamou de "Dia da Inspiração". Note-se o paradoxo no fato de ter chamado de Dia um fato ocorrido à noite. Ainda que não fosse seu objetivo, é conveniente a suposição de que, naquele momento, ao contrário de suas companheiras, estivesse desperta. (Na época, a legislação eclesiástica proibia que uma religiosa viajasse ou andasse pela cidade sozinha sem a companhia de pelo menos outra Irmã.)

Ela estava acordada, e bem acordada. Não é de se supor que estivesse dessa maneira apenas porque na terceira classe de vagões cambaleantes dos trens na época, da Índia colonial, fosse quase impossível pregar olho. Certamente estava rezando, visto ser o clima ambiental mais consoante e propício com o fato misterioso de uma inspiração.

Madre Teresa nunca descreveu aquele fato decisivo de sua vida de outra maneira que não fosse como um irresistível estímulo interior a consagrar sua vida ao serviço dos Pobres mais pobres. Ela resumiu isso nos seguintes termos:

> Ao viajar de trem de Calcutá a Darjeeling para fazer exercícios espirituais, enquanto estava em uma oração tranquila e íntima ao Senhor, eu percebi claramente um chamado dentro do chamado. A mensagem era clara: tinha de deixar o convento e consagrar-me ao serviço dos Pobres, vivendo no meio deles. Entendi então aonde tinha de me dirigir. Porém, não sabia como chegar.

Consequências do chamado

Na referência obrigatória do ocorrido naquela noite, há uma frase que retorna diversas vezes: a de "um chamado dentro do chamado". Pelo contexto e pela interpretação que sempre lhe deu a mais diretamente interessada, é equivalente à reduplicação de "vocação dentro da vocação". Com isso, o objetivo frequente de Madre Teresa foi dizer que o que lhe pediam, ou exigiam, não era a mudança da condição de religiosa, mas sim que, sem deixar de sê-lo, o fosse de maneira mais intensa; em seu caso, mais perfeita. Isso não implicava a recusa do carisma inerente à vida consagrada como Irmã do Instituto Nossa Senhora de Loreto. Significava que, sem deixar de ser religiosa, ela estava convocada a um serviço mais direto e generoso de Jesus entre os Pobres.

Para ela, esse chamado recebido haveria de se revelar como algo humanamente muito incômodo, em relação às consequências, e também determinante. Contudo, a intensidade do estímulo foi tanta, que lhe transmitiu forças para superar o incômodo acarretado pela inspiração íntima.

Ao intuir vagamente as dificuldades, Madre Teresa restringiu-se à sua percepção. Anos mais tarde, faria a seguinte confidência: "Sabia aonde tinha de ir. Ignorava como chegar". O modo como ocorreu foi realmente doloroso!

Um paciente esforço para seguir a nova vocação

De início, não lhe restou outra saída; por isso, foi obrigada a informar algumas pessoas sobre sua situação íntima. Porém, foram as indispensáveis. O primeiro confidente de sua inquietação e estado de ânimo foi o jesuíta belga e missionário na Índia padre Celeste van Exem, seu confessor e diretor espiritual.

A seguir, talvez seja oportuno esclarecer a intervenção de alguns jesuítas dessa procedência – ou seja, da Bélgica – nas vicissitudes humanas de Irmã Teresa. Isso foi ocasionado porque, na repartição de territórios de trabalho missionário entre as instituições religiosas, Bengala ocidental – tendo Calcutá como epicentro – coube à província belga da Companhia de Jesus. Por essa razão, até a sede arcebispal da cidade estava coberta por um jesuíta, o que tinha seu significado, como exceção. É verdade que existem cada vez mais jesuítas aos quais não restam outro remédio senão aceitar, por obediência, as altas dignidades eclesiásticas. (Desde João XXIII – 1958-1963 –, por exemplo, não tem deixado de haver certo número de cardeais, arcebispos e bispos jesuítas.) As constituições da Companhia de Jesus proíbem que seus membros aspirem a esses cargos. Por outro lado, não impedem – nem podem fazê-lo – mas antes exigem que os aceitem por obediência. Como exemplo, está o caso de Carlo María Martini, que em 1979 aceitou o peso da diocese de Milão, a mais importante da Igreja, outrora ocupada por cardeais que se tornaram papas, como Achille Ratti – Pio XI (1922-1939) – e Giovanni Battista Montini – Paulo VI (1963-1978) –, e também por dois recentes beatos, Carlos André Ferrari (1894-1921) e Ildefonso Schuster (1929-1954).

Nada supera, porém, a eleição de Jorge Mario Bergoglio – o Papa Francisco – primeiro Papa jesuíta da história, em 2013.

Por sugestão do Padre Van Exem, Irmã Teresa relatou por escrito, da melhor maneira possível, o conteúdo e as circunstâncias da inspiração recebida durante sua viagem a Darjeeling e também o que ocorreu em sua alma durante os exercícios. Não é preciso citar que isso era algo complexo demais. Porque, à primeira vista, o seguimento da inspiração parecia exigir que ela abandonasse a Congregação das Irmãs de Nossa Senhora de Loreto, entre as quais ela se sentia, segundo confidenciou, "a religiosa mais feliz do mundo".

Pela complexidade do tema, não menos que pela exigência da legislação eclesiástica então vigente, era necessário que o arcebispo de Calcutá, o jesuíta – também belga – Dom Ferdinand Périer, fosse informado. Irmã Teresa pediu que ele lhe concedesse permissão para abandonar Loreto e dedicar-se à nova tarefa, a qual lhe foi negada. Mais tarde, ela mesma explicaria que a atitude dele havia sido perfeitamente lógica: "O arcebispo não iria ceder diante da solicitação da primeira religiosa que lhe pedia algo tão fora do comum", confidenciou.

Refletir e orar

A cada um que Irmã Teresa expunha o seu caso, o mesmo conselho era ratificado, a ponto de ser considerado supérfluo:

todos lhe sugeriam que refletisse e rezasse, o que ela não havia deixado de fazer desde o primeiro momento. Ainda mais que a inspiração havia coincidido com um momento de intensa reflexão e de oração muito íntima.

A conduta da interessada não deixava dúvidas sobre a seriedade do "chamado dentro do chamado". Mas ninguém parecia ter pressa em vê-la pôr em prática essa inspiração. Todos insistiam em lhe sugerir que aguardasse. Ela obedeceu. Especialmente a algo que sua superiora de Loreto lhe pediu: que não comentasse o assunto nem com as demais Irmãs da comunidade nem com suas alunas, e que continuasse levando uma vida normal, como se nada houvesse ocorrido.

É claro que Madre Teresa continuou cumprindo fielmente seus deveres como religiosa de Loreto, ministrando suas aulas com toda a dedicação e assistindo com fidelidade plena todos e cada um dos atos comunitários. E rezando!

No entanto, também experimentou com constante intensidade o convite feito alguns meses antes, um ano, quase dois: o de consagrar-se mais inteiramente a Deus mediante o serviço aos mais Pobres entre os pobres.

Capítulo 7

QUANTO JESUS PEDIU A ELA! E QUANTO LHE CUSTOU DAR!

Na falta de dados confiáveis, seus biógrafos – entre os quais me incluo – procedem relativamente às apalpadelas e deixam quase em branco uma página transcendental da história de Teresa Bojaxhiu.

Houve circunstâncias, ou melhor, consequências essenciais relacionadas a sua inspiração, conhecidas apenas por seu diretor espiritual, Padre Celeste van Exem, e pelo arcebispo de Calcutá, Dom Ferdinand Périer. Se na vida de Santa Teresa de Calcutá são descobertas virtudes humanas e cristãs fundamentais que despertam admiração, uma delas é a discrição, sobre outras não menos fundamentais, como a humildade e a prudência.

Amparada nessa discrição, ocorreram fatos decisivos de sua vida cuja divulgação foi tardia, mas que agora, graças a Deus, já são conhecidos. É claro que, para explicar determinados enfoques de uma conduta, teria sido relativamente cômodo possuir o registro de intervenções sobrenaturais, em relação, pelo menos, a um dos momentos mais decisivos de sua vida, como foi o que se seguiu à "inspiração".

Essas intervenções sobrenaturais realmente ocorreram? De algum modo, parece que sim. Em todo caso, é preciso casar (ou compatibilizar, que soa melhor) algumas afirmações muito confiáveis com outras, cuja veracidade parece ser menor.

O ato de compatibilizar (ou relacionar) o que escreveu uma colaboradora generosa e fiel de sua obra e biógrafa, Eileen Egan. Em fins de 2002, o conteúdo a seguir aflorou quase oficialmente da postulação do processo de beatificação e canonização:

> Excessivamente sóbria no tocante à sua vida pessoal, Madre Teresa guardou silêncio sobre o drama ou angústia de sua luta para deixar um trabalho por Jesus por outro diferente. Foi o Padre Van Exem que relatou alguns detalhes. Ao voltar para Calcutá, no outono de 1946, Irmã Teresa revelou sua profunda experiência íntima a seu diretor espiritual. Não o fez por palavras, mas em algumas folhas nas quais descreveu sua primeira inspiração – o chamado – e o que aconteceu durante os exercícios espirituais como a continuação de tal chamado. Em minha presença, Madre Teresa deu garantias de que o chamado não havia sido uma visão, de que absolutamente nunca teve qualquer visão. O próprio Padre Van Exem garantiu que Irmã Teresa lhe havia dito que não se tratava de uma visão. Insistiu em que, naqueles papéis, estavam contidas as linhas da obra futura de Madre Teresa, a começar pelo cuidado dos Pobres pelas ruas e em suas casas. Não se trataria de cuidados ao abrigo das paredes de instituições, e os que se congregassem em tal obra se obrigariam com voto especial a servir aos Pobres.[1]

A célebre "postulação da causa", criada pela pena – ou melhor, pelo teclado do computador – de seu principal responsável, padre Brian Kolodiejchuk, admitiu que:

> Desde 1946 até sua morte, Madre Teresa recusou-se decididamente a oferecer detalhes a respeito da inspiração de dar início às

---

[1] Apud Egan, Eileen. *Such a vision of the street: Mother Teresa*; the Spirit and the Work. London, Sidgwick & Jackson, 1985. pp. 26-27. A obra se apresenta com o aval de *authorised biography* (biografia autorizada).

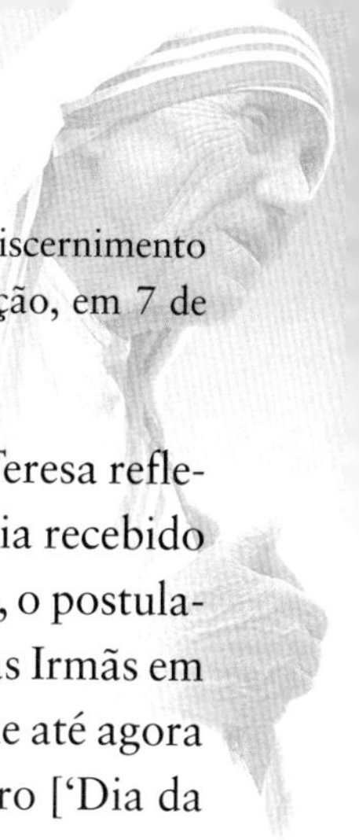

> Missionárias da Caridade ou sobre o processo de discernimento que levou ao estabelecimento da nova Congregação, em 7 de outubro de 1950.

A mesma fonte explica que "o silêncio de Madre Teresa refletiu seu respeito pelo caráter sagrado do dom que havia recebido nas profundidades de sua alma". Como confirmação, o postulador cita algo que a própria fundadora escreveu às suas Irmãs em 1993: "A sede de Jesus é algo para mim tão íntimo que até agora não me atrevi a falar a respeito do dia 10 de setembro ['Dia da Inspiração']. Queria fazer como Nossa Senhora, que conservou todas essas coisas em seu coração".

Novos documentos

Segundo os indícios, Padre Van Exem, um sacerdote jesuíta muito digno, foi o depositário ideal das confidências de Irmã Teresa. Ao que parece, houve os que tentaram que ele divulgasse o conteúdo dos papéis deixados a seus cuidados pela fundadora das Missionárias da Caridade. Ele se negou a fazê-lo. No entanto, as formalidades do processo de beatificação serviram de justificativa para os que, após o falecimento do Padre Van Exem, ocorrido em 1993, herdaram aqueles papéis e os tornaram públicos. É como explica o Padre Kolodiejchuk:

> Por causa das descobertas realizadas durante o processo de beatificação e canonização, é-nos proporcionada a possibilidade de uma nova visão da alma de Madre Teresa, daquela comunhão mística com Deus que deu forma a sua vida, a seus ensinamentos, às obras de caridade.

O postulador cita alguns segredos, conceito que serviu de propaganda para certa biografia, que se tornou um *best-seller*, da então candidata aos altares quando já estava assentada nos altares de milhões de corações desde seu falecimento.

Um deles – sobre um suposto voto privado, emitido em 1942, de realizar algo muito belo para Jesus – não tem muita importância, sobretudo se comparado aos outros. É um tanto estranho que fizesse esse voto, para o qual, religiosa como era vinculada à obediência, talvez tivesse necessitado da permissão de suas superioras e de seu diretor espiritual. Além disso, tratar-se-ia, ao menos na aparência, de um voto desnecessário, por estar implícito nos que havia professado como religiosa de Loreto.

No entanto, entre os documentos recolhidos para sua causa de beatificação e canonização, existe uma carta reveladora da docilidade de Irmã Teresa à voz de Jesus e à de seus representantes. Nesse caso, e em primeiro lugar, ao arcebispo de Calcutá, Dom Ferdinand Périer. É datada de 13 de junho de 1947, isto é, quando já haviam transcorrido dez meses do chamado Dia da Inspiração.

Uma carta até então inédita

A carta é muito rica em detalhes e felizmente longa. Explica e matiza tudo, ou quase tudo, e complementa as páginas nas quais os biógrafos da primeira hora haviam procedido às apalpadelas e as deixado quase em branco. Nela está escrito:

> Excelência Reverendíssima:
> A partir de setembro último, estranhos pensamentos e desejos não deixaram de se amontoar em meu coração. Tornaram-se mais intensos e claros durante os oitos dias de exercícios em Darjeeling. Antes de recorrer a Vossa Excelência, contei tudo ao Padre Van Exem. Fiz que ele visse as poucas anotações que escrevi durante os exercícios. Ele me disse que lhe parecia ser inspiração divina, mas que rezasse e guardasse silêncio a esse

respeito. Continuei expondo a ele o que acontecia em minha alma no tocante a pensamentos e desejos. Ontem ele me escreveu o seguinte: "Não posso me opor a que fale ou escreva a Sua Excelência. Faça-o como uma filha ao seu pai, com total confiança e sinceridade, sem temores nem ansiedades, expondo-lhe como tudo aconteceu e acrescentando que falou comigo. A esse respeito, penso que, em consciência, não posso opor-me a que exponha tudo a ele".

Antes de começar, quero manifestar-lhe que uma só palavra de Vossa Excelência me fará disposta a não voltar a levar em consideração nem um só dos pensamentos que vêm me assaltando continuamente.

Ao longo desse ano, com muita frequência vim desejando ser toda de Jesus e fazer que outras almas, especialmente indianas, se aproximassem dele e o amassem fervorosamente, identificar-me inteiramente com as jovens da Índia, e assim amá-lo como nunca antes havia sido. Cheguei a pensar que esse fosse um de meus desejos muito insensatos. Li a vida de Santa Maria Francisca Cabrini. Ela fez muito pelos americanos porque chegou a ser um deles. Por que eu não poderei fazer na Índia o que ela fez na América? Ela não ficou esperando que as almas fossem até ela, mas foi até as almas com seus zelosos colaboradores. Por que não poderei fazer o mesmo aqui, por ele? Há tantas almas – puras, santas – desejosas de se dar somente a Deus! As instituições europeias são por demais ricas para elas; mais tiram do que dão.

Você não vai me ajudar?[2] Como vou poder fazê-lo? Fui até agora Irmã de Loreto e me sinto muito feliz desse modo. Deixar o que amo e me expor a novas tarefas e sofrimentos que não haverão de ser pequenos, ver-me transformada em objeto de risos por parte de muitos, especialmente de condição religiosa, vincular-me à condição indiana e escolher de modo consciente o mais árduo, a solidão e a ignomínia, a incerteza, e tudo porque Jesus o quer,

---

2 A transcrição da carta de Madre Teresa pela postulação utiliza o itálico, que é respeitado aqui, para diferenciar o texto cursivo das palavras e expressões atribuídas à locução interior de Jesus.

porque algo está me chamando para deixar tudo e optar pelo mínimo para viver sua vida, para realizar sua tarefa na Índia. Esses sofrimentos deram lugar a um grande sofrimento, porém a voz continuou, dizendo: *você vai se negar a isso?*

Um dia, na santa Eucaristia, ouvi a mesma voz dizer muito claramente: *desejo religiosas indianas, vítimas de meu amor, que sejam Maria e Marta,*[3] *que estejam tão unidas a mim que irradiem meu amor às almas. Desejo religiosas livres, envolvidas em minha pobreza da cruz. Desejo religiosas obedientes, cobertas com minha obediência da cruz. Desejo religiosas transbordantes de amor, com a caridade da cruz. Você se negará a fazer isso para mim?*

Outro dia [escutei]: *você se converteu em esposa minha por amor a mim. Veio à Índia por mim. A sede que tinha de almas trouxe você a esse lugar tão distante. Você tem medo de dar mais um passo por seu esposo, por mim, pelas almas? Sua generosidade se esfriou de tal maneira? Para você, eu passei a um segundo lugar? Não foi você que morreu pelas almas. Essa é a razão pela qual não se preocupa com o que está acontecendo. Seu coração nunca esteve tão afogado de dor como o de minha Mãe. Nós dois demos tudo pelas almas: e você? Tem medo de perder sua vocação, de transformar-se em secular, de deixar de ser perseverante. Não! Sua vocação é amar, sofrer e salvar almas e, dando esse passo, tornará pleno o desejo que meu coração tem de você. Essa é sua vocação. Vestirá roupa simples indiana ou, antes, como fez minha Mãe, algo simples e pobre. O hábito que traz neste momento é sagrado, por ser meu símbolo: seu sári será santo, porque vai ser meu símbolo.*

Tratei de convencer Nosso Senhor de que me esforçaria para ser uma Irmã de Loreto muito fervorosa e santa, uma verdadeira vítima aqui, nessa vocação. Porém a resposta chegou novamente muito clara: *desejo Irmãs Missionárias da Caridade indianas, que sejam meu fogo de amor entre os muito pobres, os doentes, os*

---

[3] As duas irmãs de Lázaro, protótipos da vida contemplativa e ativa (cf. Lc 10,38-42; Jo 11,19-21).

moribundos, os pequeninos das ruas. Os Pobres que quero que você me traga, você e as Irmãs que ofereçam suas vidas como vítimas de meu amor, me trarão essas almas. Já sei que você é a pessoa mais incapaz, mais fraca e pecadora, mas precisamente porque você é assim quero servir-me de você para minha glória. Você se negará?

Essas palavras, ou melhor, essa voz me causou temor. O pensamento de comer, de dormir, de viver como os indianos me encheu de temor. Rezei longamente, rezei muito, supliquei a Maria, nossa Mãe, que pedisse que Jesus afastasse de mim tudo aquilo. Quanto mais rezava, mais aquela voz se fazia clara em meu interior, de maneira que cheguei a pedir que ele fizesse comigo o que quisesse. Ele continuou pedindo e pedindo.

De modo que a voz se manifestou claramente, mais uma vez: *você acabou de dizer que eu fizesse de você o que quisesse. Agora passo à ação. Deixe-me agir, minha pequena esposa, pequena minha. Não tenha medo. Vou estar sempre ao seu lado. Você sofrerá, já está sofrendo, mas, se é minha esposa, a esposa de Jesus crucificado, terá de suportar esses sofrimentos dentro de seu coração. Deixe-me agir. Não me rejeite. Confie cegamente em mim. Pequena minha, dê-me almas. Traga-me as almas dos pequeninos da rua. Se soubesse quão doloroso é ver esses pobres meninos manchados com o pecado! Desejo a pureza de seu amor. Oh! Se quisesse responder ao meu chamado e trazer-me essas almas... Arrancadas das garras do maligno. Se soubesse quantos pequeninos caem em falta cada dia... Há conventos com um bom número de religiosas, que se ocupam das pessoas ricas e hábeis, mas não há nenhum para os meus mais Pobres. Eu os desejo, os amo. Você se negará? Peça a Sua Excelência que me dê isso em agradecimento pelos 25 anos que lhe dei.*[4]

---

4 Quando Irmã Teresa enviou esta carta a ele, Dom Périer havia celebrado o jubileu de prata episcopal.

Uma pausa, para prosseguir

Como foi citado anteriormente, a carta é extensa. Mais longa que tudo o que foi lido até agora, pois ainda restam muitos parágrafos a ser transcritos. Mas não com a voz íntima de Jesus, e sim com a narração de Irmã Teresa ao arcebispo Périer.

Essa pausa soa quase como uma interferência pouco respeitosa. Não tem outro objetivo, além das aparências, que a de proporcionar uma pausa ao leitor para digerir a densidade de conteúdo que precede e dispor-se intimamente a fim de apreciar o que ainda vem pela frente.

Em tudo isso, há um enfoque iluminador sobre as vicissitudes espiritual e humana da grande santa do século XX.

Portanto, na carta de Irmã Teresa a Dom Ferdinand Périer, está relatada a própria análise da situação, que ela mesma enuncia com duas epígrafes: "O chamado" e "O trabalho". Em torno deles, a religiosa se submete inteiramente à decisão do arcebispo:

> Foi isso o que aconteceu entre mim e ele [Jesus] durante aqueles dias de intensa oração. Agora tudo está claro diante de meus olhos, como segue:
>
> **O chamado**
> Ser uma indiana: viver entre eles, igual a eles, para chegar até o coração das pessoas. A congregação deve se iniciar fora de Calcutá, em Cossipore, um lugar aberto e solitário, ou em Sealdah de São João, onde as Irmãs poderiam levar uma vida de contemplação durante o noviciado, onde poderiam completar um ano inteiro de verdadeira vida interior e outro de ação. As Irmãs deverão viver uma perfeita pobreza – a Pobreza da Cruz –, sem mais nada a não ser Deus. Para evitar que as riquezas se apoderem de seus corações, não terão nada de fora, mas se sustentarão com o trabalho de suas mãos: pobreza franciscana, trabalho beneditino.[5]

[5] São Francisco falava da "Senhora Pobreza". O lema da *Regra de São Bento* resume-se na expressão *Ora et labora* (Ora e trabalha).

Na congregação, deverão ser aceitas jovens de todas as procedências, mas deverão assumir a mentalidade indiana e vestir-se com simplicidade: um hábito longo, branco, de manga larga, um leve sári azul, um véu branco, sandálias sem meias, um crucifixo, cinturão e rosário.
As Irmãs vão adquirir um autêntico e completo conhecimento da vida interior ministrado por sacerdotes santos que as ajudem a permanecer unidas a Deus a irradiar isso quando atuar no campo de missão. Transformar-se-ão em autênticas vítimas pela Índia. O amor deverá ser a palavra, o fogo que as faça viver a vida em plenitude. Se forem verdadeiramente pobres, as religiosas se sentirão livres para amar só a Deus, servir só a Deus, de serem somente dele. Os dois anos de perfeita solidão deverão levá-las a pensar no interior enquanto estiverem imersas no exterior. Para renovar e manter vivo o espírito, as Irmãs passarão um dia da semana em casa, na casa-mãe da cidade, quando estiverem em missão.

O trabalho

O trabalho das Irmãs será estar entre as pessoas: não haverá escolas particulares, e sim muitas escolas gratuitas, apenas até o ensino médio. A cada paróquia irão duas Irmãs, uma para os enfermos e moribundos e outra para a escola. Se houver necessidade, os pares poderão aumentar. As Irmãs vão ensinar os pequenos e os ajudarão a ter recreações puras para mantê-los longe da rua e do mal. A escola ficará só nas zonas muito pobres da paróquia, para reunir as crianças das ruas, a fim de cuidar delas enquanto os pais têm de ir trabalhar. A que se ocupar dos enfermos realizará todas as tarefas para eles, prestará assistência aos moribundos, tanto como – se não mais – faz uma pessoa no hospital: lavá-los e preparar o lugar para a vinda de Jesus. Na hora combinada, todas irão a um mesmo lugar a partir das várias paróquias, para ir juntas para casa, onde a separação do mundo será total. Isso, nas cidades onde o número de pobres é grande. O mesmo se dará em povoados pequenos, exceto se puderem deixar essa população ao cabo da tarefa de instrução e serviço.

Para poder se movimentar com grande facilidade e rapidez, cada Irmã aprenderá a andar de bicicleta e algumas aprenderão a dirigir uma perua.[6] Trata-se de algo um tanto moderno, mas as almas estão morrendo por falta de cuidados, privadas de carinho. Essas religiosas, como verdadeiras vítimas, deverão levar a cabo a tarefa exigida pelo apostolado cristão na Índia. Deverão ter também um hospital para crianças pequenas com graves enfermidades. As Irmãs desta congregação serão as Missionárias da Caridade ou Irmãs Missionárias da Caridade.

Deus está me chamando, apesar de indigna e pecadora como sou. Ardo em desejos de entregar-me por inteiro pelas almas. Todos vão me considerar louca: começar, após tantos anos, algo que me vai acarretar sobretudo sofrimento. Mas ele me chama a unir-me a alguns poucos para empreender a tarefa, combater o demônio e despojá-lo dos milhares de almas que está destruindo dia após dia.

Eu me estendi demais, mas disse tudo como se eu tivesse escrito à minha mãe. Desejo ser totalmente dele, abrasar-me por inteiro por ele e pelas almas. Quero que ele seja amado ternamente por muitos. Dessa maneira, se Vossa Excelência achar por bem, se Vossa Excelência quiser, eu estou preparada para fazer a vontade dele. Não importam os meus sentimentos. Não importa o preço que terei de pagar. Estou preparada porque já me entreguei por inteiro a ele. E se Vossa Excelência considera tudo isso um engano, eu também o considerarei dessa maneira e vou me sacrificar por inteiro.

Envio-lhe esta por meio do Padre Van Exem. Autorizei-o a fazer uso de tudo quanto lhe confiei, e que nesta tarefa está em contato comigo e com Jesus. Estou indo para Asansol,[7] que me parece fazer parte do plano de Jesus. Ali disporei de mais tempo para orar e preparar-me para sua vinda. Nesse assunto, coloco-me

6 Há quem garanta que, na época, essa previsão era algo incomum na Índia.

7 Em consideração a seu estado interior, que tinha inevitavelmente algum reflexo externo, Irmã Teresa havia sido transferida para a residência das Irmãs de Loreto, em Asansol, a aproximadamente 200 quilômetros de Calcutá.

inteiramente em suas mãos. Peça por mim, para que eu chegue a ser uma religiosa de acordo com seu coração.
Sua filha devota em Jesus Cristo,
Maria Teresa

Outra carta, na Festa de São Francisco Xavier

Embora ainda não o soubesse totalmente, haveria de perceber isso mais tarde. Porque, após muitos anos, quando a obra de Deus por meio dela e das Missionárias da Caridade estava em andamento, Madre Teresa admitiria que um bispo – supostamente era o de Calcutá, Dom Ferdinand Périer – não tinha por que levar a sério o problema levantado pela última monja. Ela era a "última monja", não somente pela cronologia, mas também por autoconvicção: a humildade a fazia sentir-se no último lugar.

Dom Périer demorou muito – é claro que... segundo o que aqui é considerado dessa forma, levando-se em consideração a complexidade do tema exposto por Madre Teresa, com permissão e por sugestão do Padre Van Exem – para responder à sua carta. Além disso, não consta que o houvesse feito por escrito, e sim verbalmente, na festa da Epifania, realizada em 6 de janeiro de 1948.

Nesse dia – o leitor se lembrará, décimo nono aniversário do desembarque de Gonxha em Calcutá –, depois da missa celebrada em Loreto, o arcebispo falou com a remetente, limitando-se a dizer-lhe: "Você pode ir adiante".

Dois meses antes, no entanto, houve mais uma carta que Irmã Teresa lhe remetera aos cuidados do Padre Van Exem, em outra data significativa: na Festa de São Francisco Xavier, que, mesmo após o Vaticano II, não deixou de ser celebrada no dia 3 de dezembro.

O leitor certamente desejará conhecê-la, ainda que parcialmente, agora que está acostumado com a linguagem utilizada por Irmã Teresa. Ele também já sabe que, na transcrição, o que se refere às reflexões dela está em redondo e o que corresponde à locução interior de Jesus à sua alma, em itálico.

Dessa maneira, tem início a citação da carta datada de dezembro de 1947, por ocasião da Festa de São Francisco Xavier, padroeiro das missões e evangelizador da Índia:

> Minha pequena, venha, aproxime-se: leve-me aos tugúrios dos Pobres. Venha, seja minha lanterna. Não posso ir sozinho. Leve-me com você até eles. Quanto desejo entrar em seus barracos, em suas moradas escuras e incômodas! Venha, seja vítima deles. Em sua imolação, em seu amor por mim, eles conseguirão me descobrir, conhecer-me, desejar-me. Ofereça mais sacrifícios, sorria mais, reze com maior fervor, e todas as dificuldades desaparecerão.
>
> Você está tomada pelo medo. Quanto me ferem os seus temores! Não tenha medo. Sou eu que lhe peço que faça isso por mim! Não tema. Mesmo quando todo mundo estiver contra você e suas companheiras e superioras a olharem com desprezo, não tenha medo. Eu estou em você, com você, a seu lado.
>
> Você sofrerá, e muito. Mas lembre-se de que estou com você. Mesmo quando todo mundo a rejeitar, lembre-se de que você é minha e de que eu sou só seu. Não tenha medo, sou eu. Limite-se a obedecer: faça-o com alegria e diligência, sem questionar. Obedeça, nada mais. Jamais a abandonarei, se você obedecer.

Uma grande multidão...

A carta não termina aqui. Continua com a descrição de Irmã Teresa de algo que garante ter visto, que não se relaciona de forma direta com as palavras que interiormente ouvira nos – ao que parece – exercícios espirituais realizados em meados de 1946:

> 1) Vi uma enorme multidão de pessoas de todo tipo, muito pobres. Havia também crianças. Todos tinham as mãos erguidas para mim, que estava de pé no meio deles. Gritavam: "Venha, venha! Salve-nos! Conduza-nos a Jesus!".
> 2) A enorme multidão, novamente. Pude notar em seus rostos uma grande dor e sofrimento. Eu estava ajoelhada ao lado de Nossa Senhora, que estava voltada para eles. Não podia ver o seu rosto, mas a ouvia dizer: *tome-os sob seus cuidados. Eles me pertencem. Conduza-os a Jesus. Conduza Jesus até eles. Não tema. Ensine-os a rezar o terço, o terço em família, e tudo irá bem. Não tema. Jesus e eu estaremos com você e com seus filhos.*
> 3) A mesma multidão enorme. Mesmo aparecendo na penumbra, eu podia vê-los. Nosso Senhor, na cruz. Nossa Senhora, a pouca distância da cruz, e eu, como menina pequenina diante dela. Sua mão esquerda estava sobre meu ombro esquerdo, e sua mão direita segurava meu braço direito. Nós duas estávamos diante da cruz. Nosso Senhor dizia: *pedi-lhe. Pediram-lhe eles, e ela, minha Mãe, também lhe pediu. Você se negará a fazer isso por mim, isto é, cuidar deles, conduzi-los até mim?*
> Eu respondi: "Jesus, tu sabes: estou preparada para ir tão logo seja avisada".

A pura verdade

Essas palavras nos levam a crer que as locuções interiores ocorreram em um curto espaço de tempo. A impressão é de que tudo se limitou aos oito dias de seus exercícios espirituais em Darjeeling. Isso pode ser deduzido dos parágrafos finais da carta ao Padre Van Exem, que continuam desta maneira:

> A partir de então, não ouvi nem vi mais nada, mas estou certa de que o que escrevi é a pura verdade. Como lhe disse, não fantasio a respeito disso, mas sei que é certo. Se não falasse disso, se tratasse de sufocar esses desejos de meu coração, seria culpada diante de Nosso Senhor. Por que tudo isso acontece comigo, que sou a mais indigna das criaturas? Não sei, e muitas

vezes tratei de persuadir Nosso Senhor de procurar outra alma, alguém mais generoso, mais forte, mas tenho a impressão de que ele se compraz com minha confusão, com minha fraqueza. Esses desejos de apagar o gemido de Nosso Senhor pelas almas dos Pobres, pelas vítimas inocentes de seu amor, crescem a cada missa e santa Eucaristia. Em uma palavra, todas as minhas orações e o dia inteiro estão repletos desse desejo. Por favor, não adie mais. Peça que Nossa Senhora nos conceda essa graça em sua festa do dia [8 de dezembro: Festa da Imaculada Conceição]. Caso ele tenha dito outras coisas das quais não me lembro neste momento, faça o favor de comentá-las também com Sua Excelência. Eu lhe disse que quero apenas obedecer à santa vontade de Deus e cumpri-la. Agora não tenho medo. Entrego-me inteiramente em suas mãos. Ele pode dispor de mim como quiser. Fale a Sua Excelência sobre as duas jovens iugoslavas que estão em Roma. Há seis moças de Bengala, uma moça belga que vive no sul, e também outra que o senhor conhece, da Bélgica. Chegarão vocações. Não tenho medo disso, por mais que todos me considerem muito otimista, pois sei quanto amor e generosidade há nos corações dos bengaleses uma vez que lhes proporcionem os meios para atingir os cumes. A autonegação e a abnegação hão de ser os meios para atingir nosso objetivo. Não faltará o desgosto, porém o bom Deus pede nosso amor e nossa confiança nele. Reze por mim em sua santa missa. Sinceramente sua em Nosso Senhor,
Maria Teresa

A carta traz este pós-escrito:

Faça o favor de explicar a Sua Excelência o que eu quis dizer ao afirmar que não me dedico a fantasias.[8] Quis dizer que, mesmo na eventualidade de nada conseguir, meus desejos são igualmente fortes, e muito fervorosa é minha disposição de cumprir sua santa vontade.

[8] A expressão original, em inglês, é esta: *I don't build or believe in visions* (Não construo sobre visões nem acredito nelas).

CAPÍTULO 8

A DIFICULDADE EM DEIXAR LORETO PARA VIVER COM – E COMO – OS MAIS POBRES!

No ano seguinte (1947), Irmã Teresa fez exercícios espirituais sem que a inspiração de se entregar ao serviço dos Pobres a abandonasse, mas antes persistisse com crescente intensidade. Isso foi tão intenso que tanto o Padre Celeste van Exem como o Arcebispo Ferdinand Périer lhe sugeriram que fosse sincera por escrito com a superiora-geral da congregação.

O assunto causou irritação em Rathfarnham, o qual foi avalizado pelo parecer dos dois eclesiásticos e do jesuíta belga Padre Julien Henry, que estava à frente da paróquia de Santa Teresa, em cujos limites se localizavam a residência de Loreto e as escolas St. Mary's e Entally. Além de bom amigo e coetâneo de Périer e Van Exem, Padre Henry também conhecia e estimava Madre Teresa.

A superiora-geral chocou-se com razões mais que suficientes para entender que a situação era muito séria. Sugeriu à Irmã Teresa que, sem comentar nada com ninguém na congregação, expusesse o caso a Roma, a única alternativa de autorizar aquilo de que necessitava: tanto se se tratasse de "secularização" (ficar dispensada da observância dos votos religiosos) como de "exclaustração" (viver fora do convento, porém com a conservação dos votos religiosos).

Não apenas porque Roma estava muito distante, especialmente naqueles tempos, e ainda mais pelo motivo de a Índia ser "território de missão", mas a burocracia exigia que o recurso seguisse alguns canais que não se satisfaziam adequadamente com o fato de uma simples religiosa escrever uma carta e enviá-la pelos Correios ao Vaticano, teoricamente ao Papa; na realidade, foi à chamada Congregação dos Religiosos, ou antes, à Propaganda Fide, o dicastério competente aos territórios de missão.

O internúncio James R. Knox

A Santa Sé, mais particularmente que o Vaticano, possuía um representante acreditado no governo da Índia que não tinha a categoria de núncio, de delegado nem de visitador apostólico. Era um "internúncio". Suponho que esse cargo requeresse certo reconhecimento paradiplomático por parte do país receptor, porém sem reciprocidade por parte deste, que carecia de representante diplomático na Santa Sé, embora possuísse um embaixador no governo italiano.

A "internunciatura" estava ocupada por um eclesiástico de origem australiana chamado James R. Knox. Madre Teresa sempre foi profundamente grata a certo número de eclesiásticos, além dos jesuítas já mencionados. Sacerdotes, bispos, cardeais e até papas – especialmente dois, Paulo VI e João Paulo II –, que manifestaram grande estima pela Congregação das Missionárias da Caridade. Em todo caso, não fizeram senão admitir, admirar e, até onde lhes foi possível, favorecer o desenvolvimento da congregação.

No entanto, ela sempre nutriu uma imensa gratidão para com Dom James R. Knox, o qual posteriormente se tornou arcebispo de Melbourne e cardeal de um organismo da Cúria Romana. Porque dele recebeu apoio e compreensão em todos momentos, a começar pelo tempo em que a instituição era tão pobre que só existia em sua imaginação e seu futuro era uma incógnita sobre a qual cabia apenas uma aposta fundada na fé de uma religiosa considerada forasteira na Índia.

O internúncio Dom Knox iniciou a colaboração com a religiosa, até então albanesa, e remeteu e avalizou as solicitações a Roma.

Dois anos de negociações

Talvez convenha explicar algo sobre a nacionalidade de Madre Teresa. Sua origem, como sabemos, era albanesa, pois seu local de nascimento, Skopje, pertencia à Albânia. Atualmente, após a guerra dos Bálcãs, na década de 1990, seria macedônia: com efeito, Skopje é a capital da Macedônia. Porém, houve momentos na história em que o lugarejo foi anexado à Confederação Iugoslava. De fato, em 1979, ano em que lhe foi atribuído o Prêmio Nobel da Paz, a Iugoslávia ostentou ser a pátria da galardoada. No entanto, em 1948, precisamente quando deixou a Congregação de Loreto para seguir a inspiração de se consagrar ao serviço dos mais Pobres entre os pobres – que coincidiu aproximadamente com a época em que a Índia se tornou independente do império britânico –, Madre Teresa solicitou e obteve a nacionalidade indiana. Ela não fez isso em busca de nenhuma vantagem material ou política. Decidiu ser indiana para mostrar, de maneira mais clara, sua solidariedade com a população em um momento particularmente difícil. Mais tarde, para facilitar sua obra de mediação humanitária com um país – Bangladesh – onde seu passaporte indiano constituía uma barreira intransponível, o Papa Paulo VI ordenou à Secretaria de Estado que lhe concedesse um passaporte diplomático do Vaticano. Em princípios da década de 1980, recebeu ainda outro passaporte, também diplomático:

o da Itália. Contudo, exceto em casos excepcionais, o único documento dessa natureza exibido por Madre Teresa era o da Índia. Fez isso também em julho de 1976, quando foi à Espanha pela primeira vez, a convite do cardeal Tarancón, para abrir uma casa. Teve dificuldades com o passaporte, porque chegou sem o visto; na Espanha da época, ainda não recuperada da ditadura franquista, isso era indispensável para qualquer cidadão indiano. Embora a tivesse liberado, o policial de plantão não conseguiu conter um gesto de mau humor quando percebeu que a então desconhecida religiosa – para ele – carregava na bolsa um passaporte diplomático (ainda por cima do Vaticano!), mas não quis utilizá-lo.

De modo contrário ao parecer inicial do arcebispo Périer, que se mostrava mais disposto à forma da secularização, o desejo de Irmã Teresa era a simples exclaustração. Isso lhe foi concedido por Roma, o que a dispensou da obrigação de viver no convento e da submissão imediata às suas superioras. Ao contrário, ficava subordinada diretamente ao arcebispo, o qual considerava colaboradores e seus delegados os seus irmãos de ordem Van Exem e Henry, embora mais em funções de orientação e guia que de controle.

As negociações entre Calcutá, Rathfarnham e Roma (essas, via Nova Délhi, sede da internunciatura) se prolongaram por quase dois anos. No entanto, apenas em meados de agosto de 1948, Madre Teresa sentiu-se em condições de abandonar Loreto para empreender sua nova vida. Vale insistir que ela absolutamente não havia planejado isso. Sentiu-se impelida a empreendê-la, apesar do duro sacrifício que lhe representaria. No entanto, estava preparada, pois nem sequer remotamente objetivava comodidades.

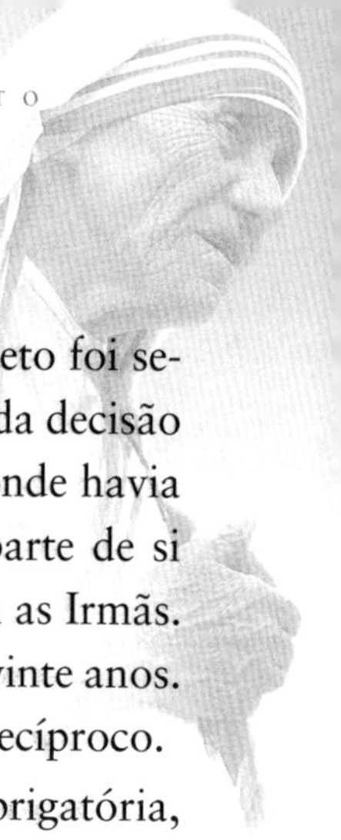

A tentação de desistir

Para Irmã Teresa, o sentimento de abandonar Loreto foi semelhante a uma dilaceração interior, mas foi o preço da decisão de cumprir o que lhe fora designado por Deus. Lá, onde havia sido "a monja mais feliz do mundo", ela deixava parte de si mesma. Amava não só a congregação, como também as Irmãs. Apreciava muito o trabalho realizado durante quase vinte anos. Amava suas alunas e percebia que o sentimento era recíproco.

Além disso, embora com a sobriedade religiosa obrigatória, em Loreto nunca lhe havia faltado nada. Se em todos os momentos estava consciente disso, percebeu ainda mais claramente naquela tarde, quando, após ter trocado o hábito – que até aquele dia trazia consigo – pelo sári branco com listras azuis, transpôs o portão do convento.

Nunca como naquela ocasião havia sentido em seu interior a serenidade desfrutada como Irmã professa do instituto das Irmãs de Nossa Senhora de Loreto. Porém, outra sensação se sobrepôs à da felicidade deixada para trás: a intuição de que, sem dúvida, pesava aos Pobres seu isolamento e pobreza. Em nenhuma outra ocasião, contudo, pensou que lhe custaria tanto deixar Loreto. Mas também nunca, até aquele momento, havia se sentido tão intimamente solidária e irmanada com a solidão e as carências materiais dos Pobres.

Sua angústia era tão intensa que, em alguns momentos, pareceu experimentar a tentação de retroceder. Porém, não foi detida por nenhum tipo de amor-próprio, mas sim que, como uma fugaz distração, lhe veio à lembrança uma expressão da carta de despedida da superiora-geral. Nela estava escrita que, se por alguma razão, em qualquer momento, decidisse reconsiderar sua decisão, as portas de Loreto lhe estariam abertas de par em par. Como não haveriam de estar desse modo se quase não se haviam fechado!

Entretanto, venceu a tentação de desistir com um ato de fé que condensou em uma confidência divulgada sob a forma de diário, a qual termina com um desabafo de sua alma com Jesus, objeto de sua entrega aos Pobres:

> A pobreza é muito dura para os Pobres. Em busca de um lugar onde viver, tive de andar e andar até que me senti esgotada, com dor nas pernas e nos braços. Isso me obrigou a refletir sobre o muito que os Pobres têm de sofrer procurando asilo, comida e saúde. De repente me assaltou o pensamento da felicidade que desfrutei em Loreto. "Basta me dizer uma palavra e tudo voltará a ser seu", sussurrava em meus ouvidos o tentador. Meu Deus! Por livre escolha, quero ser tua para sempre e cumprir sua santa vontade a meu respeito! Tu, Jesus, somente tu!

Em poucos minutos, ficou sem uma rúpia...

Quando partiu, tudo o que levou consigo, após vinte anos dedicados à congregação, cabia em uma maleta. Suas Irmãs de então garantiram que a superiora quis lhe oferecer mais. Contudo, na realidade saiu com poucas rúpias, com uma muda de roupa e alguns utensílios essenciais para a higiene pessoal.

Após duas ou três décadas, a religiosa ainda se lembraria daquele fato. Com os escassos pertences, saiu rumo à estação de Howrath para pegar o trem. A poucos metros da porta de Loreto, aproximou-se um pobre, que lhe pediu esmola para comprar alimentos a seus filhos. Então ela lhe entregou quatro das cinco rúpias que trazia.

Restava-lhe apenas uma. Ainda não havia chegado à estação quando se aproximou um sacerdote, que lhe pediu um óbulo para a boa imprensa. Ela hesitou um pouco, mas venceu sua resistência: deu-lhe a última rúpia. Então ficou sem nada e não se alimentou o dia todo. Felizmente havia comprado a passagem. Caso contrário, não teria realizado a viagem que a conduziria a aproximadamente 300 quilômetros de Calcutá.

Antes de embarcar, no entanto, aquele mesmo sacerdote a quem entregara sua última rúpia a procurou e lhe entregou um envelope lacrado que alguém, que estava a par do seu projeto, queria lhe oferecer. Dentro dele, havia 50 rúpias.

Posteriormente, ela explicou que, por trás do gesto desse doador anônimo, havia descoberto uma manifestação de que Deus não a abandonaria. O céu havia começado a abençoar sua obra em favor dos Pobres mais pobres.

Alguém lhe perguntou se não havia perdido o juízo...

Aconselhada pelo diretor espiritual, Padre Van Exem, Irmã Teresa embarcou em um trem para Patna, onde havia um hospital dirigido pela Congregação das Irmãs Missionárias Médicas, que dispunha também de uma escola de enfermagem.

O jesuíta sugeriu-lhe aquela instalação temporária e o aprendizado por uma dupla razão. Antes de tudo, para que pudesse obter um título mais eficaz de acesso às habitações dos Pobres. Por outro lado, considerava conveniente, graças a um critério de discrição diante dos comentários inevitáveis que o fato provocaria – o que realmente ocorreu –, que se afastasse por algum tempo dos olhares daqueles que inevitavelmente teriam sabido algo a respeito de seus projetos (é supérfluo dizer que nem todos entenderiam).

Mais de meio século se passou desde essa época. Ainda fica no ar o eco solitário da observação feita por um jesuíta anônimo da comunidade de Calcutá a que pertenciam Van Exem e

Henry, tão provido de suposto bom senso e intenção quanto de clara miopia. Também ele conhecia Irmã Teresa e, a seu modo, a estimava. Por isso deixou escapar este comentário: "Por Deus! Com todo o bem que teria podido fazer como boa Irmã de Loreto, lança-se sozinha em uma aventura tão incerta... Cabe se perguntar se ela não havia perdido o bom senso, ou talvez aqueles que a assessoram tão mal...".

Os conselhos de Madre Dengel

Irmã Teresa foi uma aprendiz privilegiada na escola de enfermagem do hospital de Patna. Por sorte, naquela época, ali vivia a fundadora das Irmãs Missionárias Médicas, Madre Ana Dengel, a quem a aluna de enfermagem confidenciou seu desejo íntimo.

Madre Dengel mostrou-se generosa para com ela em opiniões repletas de bom senso e afeto. Aconselhada pela austro-norte-americana, a fundadora em processo de amadurecimento das Missionárias da Caridade suavizou algumas das normas de vida que projetava para si mesma e para suas seguidoras e que pareceram excessivas à Madre Dengel. Por exemplo: Irmã Teresa pensava, para si mesma e para as que quisessem imitá-la, em adotar uma dieta semelhante à dos Pobres, consistente em um punhado de arroz com sal, e realizar algumas jornadas de trabalho e de oração muito longas, sem tempo suficiente para o descanso.

Porém, a religiosa desaconselhou ambos os procedimentos e utilizou argumentos de ordem moral. Além disso, explicou que Irmã Teresa não podia atentar dessa maneira contra sua vida nem contra a de suas potenciais seguidoras. Argumentou que, se queria trabalhar arduamente em favor dos Pobres, tinha de se alimentar bem e exigir que suas discípulas fizessem o mesmo. Também afirmou que proceder diversamente seria condenar a

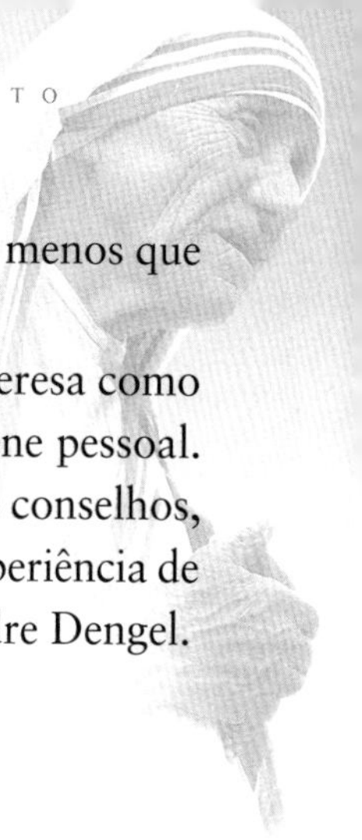

si mesma e às outras a uma morte prematura, pouco menos que um suicídio.

Nesse mesmo espírito, sugeriu, tanto para Irmã Teresa como para suas filhas, a adoção de certas normas de higiene pessoal. Ela teve a humildade de aceitar e agradecer por esses conselhos, os quais compreendeu estarem fundamentados na experiência de uma mulher de Deus como, evidentemente, era Madre Dengel.

Capítulo 9

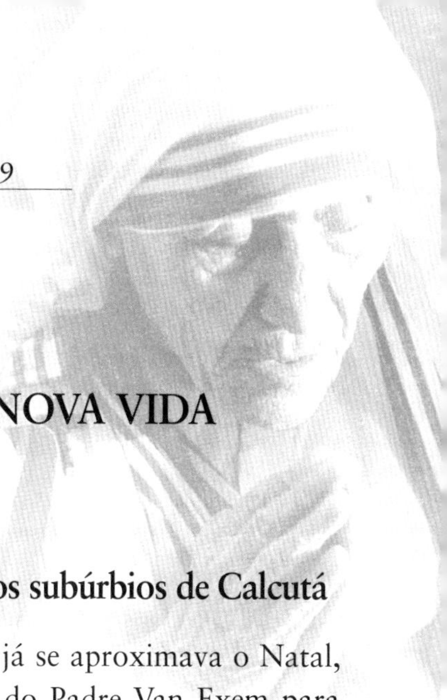

INÍCIO DE UMA NOVA VIDA

Aulas ao ar livre para crianças dos subúrbios de Calcutá

Após três meses e meio, quando já se aproximava o Natal, Irmã Teresa recebeu a autorização do Padre Van Exem para retornar a Calcutá. O próprio jesuíta havia procurado para ela um alojamento provisório no Asilo São José das Irmãzinhas dos Pobres.

Voltou decidida a entregar-se inteiramente ao serviço dos Pobres. Porém, aceitou de boa vontade o conselho do Padre Van Exem para que fizesse preceder o início de sua árdua missão por um curso de exercícios espirituais, uma vez que não os havia realizado naquele ano.

Guiados em parte por ele, Irmã Teresa concluiu os exercícios em 20 de dezembro de 1948. No dia seguinte, fez seu primeiro percurso, que não representou um grande deslocamento. Percebeu que, no parque de Motijhil, ao lado da escola onde lecionara por anos, havia um grupo de meninos que brincava em um horário em que, provavelmente, deveriam estar na escola.

Uma vez superadas as desconfianças, ela reuniu os jovens em um canto do parque e, à sombra de uma árvore, dispôs-se a dar-lhes a primeira aula. Mas, pela situação em que estavam, ela considerou que, antes mesmo de algumas noções do alfabeto, seria necessário que recebessem alguns conselhos elementares de higiene pessoal.

Ao despedir-se deles para retornar ao asilo onde estava hospedada antes que as portas se fechassem, prometeu-lhes que retornaria na manhã seguinte, o que de fato cumpriu. Então teve uma agradável surpresa: com os 5 do dia anterior, havia outros 15 meninos. Dois dias depois, na véspera de Natal, seus alunos eram 40.

Antes de terminar o ano, graças à generosidade de uma pessoa que a conhecia de Loreto e que tinha ouvido falar de seu projeto espiritual, Irmã Teresa pôde alugar uma casa para ensinar seus alunos, cujo aluguel foi permutado por aulas.

Michael Gomes, o primeiro grande colaborador leigo

A permissão de exclaustração foi-lhe concedida por um ano. No entanto, pelos bons relatórios do Padre Van Exem, antes do término do prazo o arcebispo Périer obteve para ela de Roma a renovação por mais um ano.

Também era provisório o alojamento, embora as Irmãzinhas dos Pobres não tivessem queixa de sua hóspede. O Padre Julien Henry, amigo de Padre Van Exem e admirador do espírito da religiosa, assumiu a tarefa de procurar um alojamento adequado para ela e as jovens que haviam começado a segui-la. Foi o próprio Padre Henry que acrescentou um detalhe, tão pitoresco quanto autêntico, em referência à "operação busca de alojamento adequado" para Irmã Teresa.

Como pároco de Santa Teresa, ele foi chamado para ministrar a Unção dos Enfermos a uma senhora idosa. Embora seu estado de saúde não fosse tão grave, ao menos isso lhe propiciaria que chegasse bem preparada para o encontro, provavelmente não

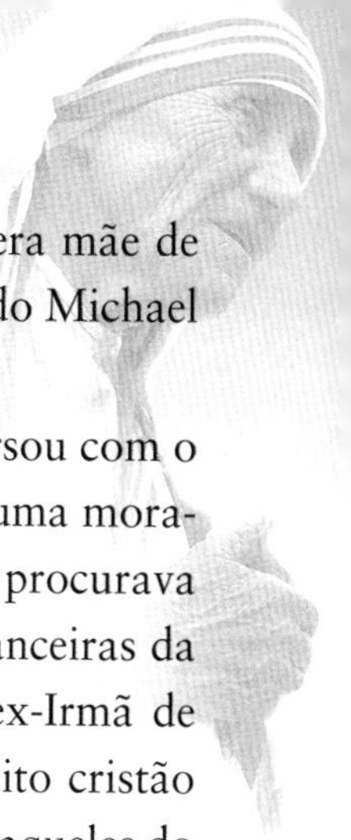

tão distante, com o Outro Lado deste mundo. Ela era mãe de um dos melhores paroquianos, um professor chamado Michael Gomes, de remota ascendência portuguesa.

Cumprido seu ministério, o pároco jesuíta conversou com o sr. Gomes, com o intuito de envolvê-lo na busca de uma moradia para Irmã Teresa e seu grupo. Disse-lhe que não procurava uma casa luxuosa nem cara, dadas as condições financeiras da religiosa. E revelou-lhe que a inquilina seria uma ex-Irmã de Loreto, que se dedicava ao trabalho generoso e muito cristão de alívio das necessidades dos Pobres, a começar por aqueles do bairro próximo de Motijhil.

O breve diálogo entre o pároco e o professor tinha por testemunha – sem que percebessem nem dessem maior importância ao fato – uma das filhas do sr. Gomes. Por ter sido aluna de Irmã Teresa alguns meses antes, ela prestou especial atenção quando ouviu a menção do nome dela. O interesse levou-a a intervir desta maneira na conversa, quando percebeu o teor do assunto: “Papai, por que o senhor não lhe oferece o apartamento de cima, que está vazio?”.

Embora não pretendesse fugir da questão, de fato Michael Gomes tinha um apartamento vago no andar superior. Era de um irmão, que, por uma transferência, lhe confiara o imóvel para que o alugasse. O sr. Gomes havia se abstido porque não imaginara que o local pudesse atender às necessidades de Irmã Teresa, mas havia notado que a intervenção da filha agradara ao Padre Henry. Então lhe propôs que, se considerasse oportuno, o religioso o acompanhasse para ver o apartamento. O que realmente fizeram.

Na realidade, quem deveria aprovar o imóvel era a diretamente interessada, Irmã Teresa. Quando o viu, encontrou apenas um inconveniente: era grande demais para si mesma e as dez ex-alunas que a acompanhavam. Então ela disse:

> Agradeço-lhe de coração, sr. Gomes. Gosto muito deste apartamento, tanto por sua simplicidade como também pela localização, tão próximo do subúrbio de Motijhil. Mas é muito grande para nós.

Talvez o trato houvesse "fracassado" por essas considerações. Embora estivesse mais que disposto a ceder o imóvel, o sr. Gomes era tímido e humilde, por isso não encontrava razões para tentar convencer a religiosa. Na ocasião, também estava presente o Padre Julien Henry, que se considerou obrigado a intervir do seguinte modo:

> Irmã, se as dificuldades fossem outras, eu estaria de acordo com a senhora sobre a inoportunidade da moradia que lhe é oferecida. Mas esqueça isso do tamanho excessivo. Eu conheço um pouco a senhora. Preste atenção. Garanto-lhe que logo o imóvel vai se tornar pequeno. De maneira que, sr. Gomes, o trato está feito.

Imediatamente, a moradia ficou à disposição da religiosa e das jovens que a seguiam. A partir da nova residência, a Irmã continuou entregue ao trabalho incansável de servir aos Pobres.

Para que pudesse cumprir a disposição canônica que lhe proibia de andar sozinha pelas ruas, às vezes era acompanhada por uma das filhas do sr. Gomes. Em outras ocasiões, a esposa dele lhe fazia companhia. Em certa ocasião, ele próprio. Na realidade, os Gomes foram os primeiros colaboradores e tão desinteressados que renunciaram a lhe cobrar o aluguel.

Em diversas ocasiões, ao saber que, após visitar os Pobres, ela voltava de estômago vazio por lhes ter dado o alimento que havia levado para sua refeição, os Gomes conseguiam que Irmã Teresa aceitasse parte do que preparavam para eles mesmos. Certa vez, o próprio Michael tirou uma quantia em dinheiro de sua carteira e, generosamente, ofereceu o valor para pagar os remédios adquiridos por Irmã Teresa a fim de socorrer algum caso inadiável.

Ainda que não tivesse tido – é claro que os tinha! – outros méritos além de ter sido colaborador desinteressado e humilde com a obra, precisamente no início, isso seria suficiente para que a memória de Michael Gomes fosse venerada. Porém, há mais razões para isso. Uma, fundamental, ao menos para quem aqui o evoca e o propõe à admiração íntima do leitor. A outra é sobre a muito confiável e ponderada canonização por parte de uma santa. Pois bem, certa ocasião, alguém ouviu Madre Teresa dizer convictamente, embora em voz baixa, como era seu estilo pessoal nesses momentos: “Michael Gomes é um verdadeiro santo...”.

Capítulo 10

SIMPLESMENTE MISSIONÁRIAS DA CARIDADE

As ex-alunas foram as mais fiéis seguidoras

Logo que as ex-alunas de Irmã Teresa souberam de sua presença nas proximidades de Loreto e de seu trabalho em favor dos Pobres, ocorreu algo inevitável. Em março de 1949, uma delas, Subashini Das, bateu à sua porta para pedir que a admitisse na congregação, pois queria viver como sua ex-professora.

Irmã Teresa aconselhou-a a refletir bem sobre o assunto. Tratava-se de algo muito sério, a adoção de uma vida austera e difícil para uma jovem como ela, que pertencia a uma família abastada. Sugeriu-lhe que refletisse e rezasse para pedir que Deus a iluminasse antes de tomar uma decisão tão comprometedora. Prometeu que também rezaria com a mesma intenção.

Transcorrido o prazo estabelecido, a jovem apresentou-se novamente a ela. Após dizer-lhe que havia rezado e refletido calmamente sobre o assunto, estava felizmente decidida a segui-la. Para tanto, enfrentou a oposição dos pais, que se mostraram contrários à decisão, especialmente da mãe, que se recusou a vê-la por quatro anos.

Podemos adiantar o seguinte detalhe: quando professou pela primeira vez na nova congregação, a jovem Subashini escolheu o nome de Batismo ao qual sua antiga professora renunciou no momento de professar como Irmã de Loreto: quis chamar-se Irmã Inês.

Em poucos meses, outras dez ex-alunas de Irmã Teresa também imitaram o exemplo de Subashini. A ex-preceptora, que sempre se absteve de qualquer iniciativa, nem mesmo remota, de influenciar alguma delas, em todos os casos pediu e suplicou que pensassem muito seriamente e rezassem para pedir luz, porque viu nisso um sinal do céu.

Com o intuito de não só lhes dar tempo para que pudessem amadurecer a decisão, mas também por razões de prudência, Irmã Teresa aconselhou-as a terminar seus cursos. Via a conclusão bem-sucedida dos estudos como garantia para elas mesmas e como possibilidade de um melhor serviço aos Pobres, no caso de a vinculação delas ao novo instituto (ainda não iniciado) ser definitiva. Algumas delas, que estavam na universidade e compartilhavam na medida do possível a vida das outras companheiras ao lado da antiga professora, continuaram frequentado as aulas.

Uma delas, Margaret Mary, foi a segunda a solicitar sua admissão. Posteriormente, ela seria Irmã Gertrudes, protagonista de algo duplamente significativo. Estudante do curso de Medicina, seu sucesso nos estudos originou um fato muito revelador do aspecto inovador da pedagogia praticada pela antiga professora de Loreto desde o início.

A jovem havia se preparado com tanto afinco para o exame de bacharelado, que obteve a qualificação máxima, documentada com um diploma e uma medalha oficial entregues pela reitoria da universidade. A felicidade proporcionada por esse episódio lhe não foi sinônimo de orgulho pessoal, mas sim de satisfação, ao imaginar a alegria que um fato dessa natureza despertaria na Madre fundadora.

É claro que Irmã Teresa ficou muito feliz, embora sugerisse à ex-aluna que realizasse um nobre gesto de desprendimento. Aconselhou-a que renunciasse à medalha e ao diploma em favor do colega classificado em segundo lugar. Explicou-lhe que este não haveria de se sentir humilhado pelo fato de uma companheira de estudos, cujo ideal era a consagração ao serviço dos Pobres por amor a Jesus, ter-lhe proporcionado a satisfação de obter um diploma tão desejado!

As primeiras dez seguidoras... e as demais!

As primeiras dez seguidoras da ex-professora foram perseverantes. Não houve desistência da parte de nenhuma delas. A incorporação dos novos reforços serviu para aliviar Irmã Teresa em suas tarefas de assistência aos Pobres dos subúrbios e para acrescentar, às que possuía, mais uma delicada ocupação, que desenvolveu com consciência: a formação intelectual e religiosa das jovens candidatas.

Para as que continuaram os estudos, ela foi como uma professora particular das matérias que dominava. Particularmente, porém, empenhou-se em garantir-lhes uma boa cultura religiosa, mediante o estudo da Bíblia e das abrangentes noções de apologética, de moral e teologia. Uma parte concreta e prática de formação espiritual para essas antigas alunas na nova situação consistiu em associá-las ao trabalho de auxílio aos Pobres dos subúrbios.

Desde o primeiro momento, Madre Teresa incutiu-lhes algo que havia ensinado nas aulas de religião: que a tarefa de assistência aos mais carentes não era um trabalho simplesmente social, como se fossem assistentes contínuas de pessoas necessitadas.

Transmitiu-lhes uma convicção que se foi arraigando cada vez mais nela, até se transformar em um motivo fundamental de sua entrega. A de que, nos Pobres dos subúrbios, sob as aparências de sofrimento e de necessidade de todos e de cada um, Jesus estava oculto. E de que aquilo que faziam por eles deveriam realizar com a mesma delicadeza e com o mesmo amor como se tivessem feito diretamente a Jesus.

Nem é preciso dizer – por mais que os fatos devam ser narrados em ordem – que às dez primeiras seguiram-se outras, outras e outras. Mas teremos ocasião de registrar isso.

Um passado produtivo, um futuro promissor

Quando é possível analisar com perspectiva histórica as ocorrências daquela primeira remota experiência de Madre Teresa e de suas então jovens ex-alunas, convém mencionar que foram providenciais para as Missionárias da Caridade a solidez espiritual e a generosidade daquele grupo fundacional de futuras Irmãs.

Elas constituiriam – e pode-se dizer que, em grande parte, ainda constituem, agora que a religiosa não está mais fisicamente presente – o sólido fundamento humano e espiritual de uma congregação religiosa destinada a fazer um bem imenso, que produziu um impacto positivo e duradouro em um mundo que vive distante das realidades espirituais, mas que felizmente ainda é suscetível de se deixar comover e reagir de modo positivo diante de exemplos como os de Madre Teresa e suas filhas.

Deus nos livre de julgar profetas, menos ainda os de desgraças, tão inconvenientes a João XXIII, como afirmou em uma ocasião tão solene como a da inauguração do Concílio Vaticano II (realizada em 11 de outubro de 1962). Portanto, sem a intenção de julgar profetas, mas simplesmente agindo como testemunha da "sociologia ambiental" – será que essa expressão esclarece que se infiltrou em nosso meio sem que pensássemos muito a esse respeito? –, temos a nítida impressão de que as ordens e as congregações religiosas atravessam, em geral, um momento de crise, ao menos quantitativa.

As vocações vão rareando. As estatísticas quase sempre são pessimistas. Não temos o menor interesse em contradizer um argumento fácil de consolação, ao qual se recorre preferentemente, senão de modo quase exclusivo, quando falham as justificativas: o de que aquilo que vale é a qualidade, e não a quantidade.

Atualmente, é provável que haja outras instituições religiosas – as quais ignoramos – que não atravessem crise. A verdade é que a congregação fundada por Madre Teresa não parece estar imune a qualquer fase crítica. Por isso, juntamente e ao lado do que já realizou no decurso de meio século de sua longa existência, ainda cabe esperar que – se Deus quiser! – possa realizar muito mais no futuro, ao menos imediato.

Dia 7 de outubro de 1950, na Festa de Nossa Senhora do Rosário...

O primeiro meio século foi de uma vigorosa afirmação de mãos dadas com sua fundadora. Os que têm a oportunidade de notar essas mudanças sem afã mitificador acreditam que, ao menos por enquanto – tomara que por longo tempo –, há garantias de uma caminhada feliz. Porque o espírito observado quando Madre Teresa ainda estava – maternal, testemunhal, sem ares de protagonismo, que costumam infiltrar-se de maneira sub-reptícia mesmo em terrenos tão delicados – à frente de tudo é o mesmo que se percebe – graças a Deus! – em suas filhas.

Pelo que cabe prognosticar, de modo muito delicado, sem que o eco do prognóstico as atinja, suas seguidoras – cujo número ainda aumenta, embora talvez em ritmo mais lento que na década de 1980 ou na época em que Madre Teresa ganhou o Prêmio Nobel da Paz – ainda haverão de realizar muitos benefícios entre os seres humanos.

Vamos retroceder um pouco no tempo, embora certas incursões respeitosas no futuro não destoem (ou não queiram destoar). Apesar de uma dezena de jovens, quase todas ex-alunas, estar convivendo com Irmã Teresa e levando uma vida de oração e de trabalho apostólico, a congregação não existiu juridicamente até que chegasse o decreto de Roma que autorizava sua constituição. Se esse decreto foi promulgado – fato que permitiu fixar o dia 7 de outubro de 1950 como data de nascimento da instituição, Festa de Nossa Senhora do Rosário –, isso se deve aos relatórios enviados àquela cidade pelo arcebispo Dom Périer – apoiado na confiabilidade dos relatórios que recebia de seus amigos e irmãos de ordem, Padres Celeste van Exem e Julien Henry – e especialmente pelo internúncio, Dom James R. Knox.

Esses relatórios convenceram os que estavam à frente do dicastério da Propaganda Fide de que a instituição fundada pela religiosa eslavo-albanesa oferecia todas as garantias, apesar de, naqueles tempos – e em outros! –, Roma estar mais predisposta à autorização da criação de instituições religiosas em países de velha cristandade (Itália, França, Espanha, Bélgica e até mesmo Estados Unidos), que nos chamados "territórios de missão", como a Índia.

Uma celebração austera

A autorização romana foi acolhida tanto com gratidão quanto com austeridade material. O início da nova congregação foi solenizado, representado – como dizer... – por uma missa simples celebrada na catedral pelo arcebispo Périer, no dia 7 de outubro de 1950 (ano do jubileu), para Irmã Teresa (com o carisma de fundadora, vamos denominá-la de Madre, com letra maiúscula) e para suas dez primeiras seguidoras.

Não houve comemorações, pois, ainda que a Madre apreciasse ver suas filhas ainda tão jovens felizes e sorridentes, essas ocasiões começaram e ainda continuam sendo festas de Pobres, nas quais, desde o início, nunca se destacaram nem o excesso, nem sequer a simples abundância gastronômica. Desde o primeiro momento, a austeridade caracterizou a vida da nova congregação.

Talvez por distração, essa congregação ainda não havia recebido um nome. É claro que quem o escolheu foi sua fundadora: Madre Teresa. Um nome – permita o leitor que aqui seja enfatizado – dos mais simples dentro da nomenclatura mais propriamente complicada, rebuscadamente original, em alguns casos até exagerada. Talvez, às vezes, seja o afã de singularizar-se até nas simples denominações!

Não foi necessário que Madre Teresa pensasse muito para escolher um nome à nova congregação. Não encontrou definição mais exata para o que ela e suas seguidoras faziam: batizou-as de "Missionárias da Caridade".

Por ser "caridade" sinônimo de "amor", Madre Teresa pensava então, e sempre pensou dessa maneira, que a tarefa que lhes fora recomendada pela Igreja e, por meio dela, por Jesus, era levar o amor aos Pobres dos subúrbios sob a forma de serviço gratuito, generoso e eterno. Uns Pobres (intencionalmente, ela escrevia a palavra com a inicial maiúscula), que, em seu caso, lhe tinham um significado tão profundo que os descrevia como "os mais Pobres entre os pobres".

O sári branco das mulheres pobres

Madre Teresa sugeriu que suas filhas vestissem um hábito original: o sári que ela mesma havia adotado ao deixar Loreto.

O sári branco com listras azuis das Missionárias da Caridade as diferencia radicalmente de qualquer outra família entre as centenas de congregações de religiosas existentes no mundo.

O objetivo da Fundadora não foi, primordialmente, buscar nenhuma singularização. Ou talvez o fosse, porém mais que justificada. Queria que suas filhas se parecessem o mais possível – não só externamente, como também em seu menos visível hábito de vida – com os Pobres, a cujo serviço voluntário, gratuito e para toda a vida propunham se dedicar.

Como se sabe, o sári é o traje típico das indianas. Às vezes, são esplêndidos e confeccionados com tecidos finíssimos, os quais embelezam os corpos, também esguios, de senhoras indianas. Porém possuem cores diversas e são confeccionados com outros tipos de tecido. Nunca são brancos, pois essa cor é a dos trajes das mulheres pobres, feitos de tecidos rústicos. Iguais ou parecidos aos tecidos simples e baratos dos sáris das Missionárias da Caridade e também de sua fundadora, Madre Teresa.

Sim, o sári branco é marcado por uma borda de três listras azuis; essa é a principal diferença entre os sáris de uma Missionária da Caridade e os das indianas pobres (ou ricas, por hipótese). Precisamente pelo fato de ser o hábito de pessoas consagradas, o azul simboliza uma especial vontade de consagração à Virgem Maria. Nesse caso, a consagração religiosa fica simbolizada ainda mais pelo crucifixo pendido na frente do ombro esquerdo, para situar-se próximo ao coração.

Capítulo 11

O LAR DO MORIBUNDO ABANDONADO

Duas anciãs agonizam entre os escombros

No prazo de um ano, havia dez alunas que decidiram seguir a antiga professora em sua tão singular quanto arriscada aventura. Pouco tempo depois, aproximadamente mais um ano, o número de religiosas chegou a aproximadamente 30, fato que ocasionou um problema de moradia. No apartamento que gratuitamente o sr. Gomes colocara à sua disposição, elas estavam tão apertadas que não cabia sequer meia religiosa.

Evidentemente era necessária a aquisição de uma nova casa. Mas, antes de procurá-la, perceberam que se fazia mais urgente encontrar moradia para um tipo especial de Pobres. Isso ocorreu certa amanhã em que Madre Teresa fazia um de seus percursos diários de assistência aos Pobres mais pobres, pelas ruas de Calcutá. De repente, deparou-se com uma cena que a impressionou profundamente. Entre os escombros, viu uma anciã agonizante em meio à indiferença dos que passavam ao seu lado, que contrastava com a voracidade de algumas ratazanas que começavam a mordiscar os pés da moribunda.

Posteriormente, Madre Teresa confidenciaria que sua primeira reação instintiva foi horror e asco, e até se sentiu tentada a fugir.

Porém, antes de seguir seu instinto, superou-se, em um esforço de fé, e foi capaz de visualizar naquela mulher abandonada por todos a figura de Jesus agonizante.

Então a pegou nos braços e dirigiu-se ao hospital mais próximo para pedir que cuidassem da infeliz moribunda. Os funcionários disseram-lhe que não estavam ali para atender a casos de tão evidente desesperança de cura, sobretudo porque a enfermaria estava superlotada.

Com a convicção de levar Jesus agonizante em suas costas, Madre Teresa tentou melhor sorte em outro hospital próximo. Porém, antes de chegar, percebeu que aquele Jesus disfarçado de mulher anciã e andrajosa havia falecido.

Todas as vezes que se lembrou daquele episódio revelador de sua vida, Madre Teresa citou a reflexão amarga feita após constatar o falecimento da pobre anciã: "O que não faríamos com um animal de estimação fazemos com os seres humanos!". A seguir, está um fragmento em que ela narra um caso semelhante ao citado anteriormente:

> A primeira pessoa que tirei da rua foi uma pobre anciã já meio corroída pelas ratazanas e formigas. Levei-a em um carrinho de mão até o hospital mais próximo. Não queriam cuidar dela. Por fim cederam só porque me recusei a ir embora dali enquanto não a recebessem. Dias depois aconteceu algo parecido com outra pessoa idosa, cujos gemidos agônicos chegavam do meio de escombros. Em meio à indiferença dos transeuntes, eu consegui retirá-la dali enquanto, entre soluços, ela não deixava de repetir: "E dizer que foi meu filho que me jogou aqui...".

Ao relatar esse mesmo episódio, em outra ocasião, acrescentou que a dor mais intensa da idosa agonizante era a amargura causada por seu filho e que só no último instante conseguiu arrancar da moribunda uma palavra de perdão, acompanhada de discreto sorriso.

Ao lado do templo da deusa Kali

Esse duplo episódio tão trágico a impeliu na realização de um dos gestos mais emblemáticos de sua vida: foi imediatamente até a prefeitura de Calcutá pedir um local onde ela e suas já numerosas seguidoras pudessem acolher os moribundos abandonados.

Tamanha foi a força de persuasão expressada pela religiosa que os responsáveis pelo município concordaram em que ela escolhesse entre dois imóveis. Um, em melhores condições e mais limpo e adequado, estava localizado nos subúrbios de Calcutá. Outro, em pior estado, sobretudo por sua sujeira, ficava no centro, ao lado do templo da deusa Kali, a protetora da cidade.

Madre Teresa não teve dúvidas: escolheu o último, porque sabia que a tendência dos que pressentiam a proximidade da morte era ir ao centro para falecer cercados de pessoas, sob o olhar protetor da deusa.

Foi necessário que tanto ela como suas jovens seguidoras arregaçassem as mangas para arrumar o imóvel que, talvez pela sua localização, ou precisamente por isso, estava em um estado lamentável. O trabalho de limpeza e desinfecção foi tão intenso que, em poucas horas, o local ficou em condições de acolher, em salas separadas, um bom número de pessoas cuja alternativa teria sido continuar agonizantes pelas ruas, diante do olhar indiferente dos transeuntes, para quem essas cenas já eram consideradas rotineiras.

Ameaçada de morte

Após esses fatos, ocorreu algo que nem Madre Teresa nem suas companheiras imaginavam. Surgiu uma dupla frente de oposição que, por diferentes motivos, quiseram obrigá-las a desocupar o imóvel. De um lado, estavam os ministros da deusa Kali, sob o pretexto de que a religiosa profanava um recinto sagrado. O ódio sentido contra ela era tão intenso que eles convenceram um dos companheiros mais jovens a linchá-la!

Disposto a executar a incumbência macabra, o jovem ministro buscava apenas uma ocasião propícia para poder realizá-la. Porém, ao acompanhar o trabalho da religiosa, convenceu-se de que ele e seus companheiros tinham um preconceito absurdo contra o bem que ela realizava. Houve um momento em que, com um punhal na mão, defrontou-se com a religiosa católica. Ao perceber suas intenções, ela lhe suplicou que, se quisesse matá-la, podia fazê-lo imediatamente, já que assim iria quanto antes ao encontro de Jesus. Rogou-lhe também encarecidamente que por nada deste mundo fizesse o menor dano àqueles Pobres.

O ministro da deusa Kali sentiu-se desarmado. Após reencontrar seus companheiros, anunciou-lhes: "Renuncio à tarefa que vocês me deram. Há muitos anos, sirvo à deusa cuja imagem está no templo. Hoje tive ocasião de descobrir a deusa na pessoa dessa religiosa". A partir daquele momento, a atitude dos servidores da deusa Kali com relação à Madre Teresa modificou-se completamente. E mudou ainda mais quando um deles contraiu uma enfermidade contagiosa. Nenhum dos companheiros se atrevia a atendê-lo em sua necessidade, por medo do risco de contágio. Então pediram que Madre Teresa cuidasse dele no lar para doentes terminais. Ela o acolheu e o tratou com tanta delicadeza que os companheiros do enfermo modificaram seu parecer e conduta com relação a ela.

Falsa acusação de proselitismo

A nova utilização do local também acarretou consequências muito negativas aos que o utilizavam para o tráfico de dinheiro e sexo. Eles recorreram à astúcia de camuflar a hostilidade sob uma acusação mais sutil, embora, é claro, totalmente falsa. Acusaram a religiosa católica de aproveitar-se da fraqueza dos moribundos para, no último instante, convertê-los a sua religião. Amparados em tal pretexto, foram à polícia, exigindo que ela e seus assistidos desocupassem o imóvel.

A polícia registrou a denúncia, prometendo buscar provas sobre a acusação. Passados alguns dias, o comissário chamou os denunciantes para lhes comunicar:

> Mandei investigar a atividade dessa religiosa. Mais ainda: em várias ocasiões eu mesmo investiguei pessoalmente. Vocês me têm aqui, disposto a secundar os seus desejos, mas com uma condição: que vocês convençam as suas mães e irmãs a fazer, em favor dessas pessoas abandonadas, o que, com tanta generosidade e delicadeza, essa religiosa e suas jovens ajudantes realizam.

Naturalmente, os denunciantes nem sequer aceitaram o desafio.

Nirmal Hriday, isto é, "Coração Puro"

Em 22 de agosto de 1952, começou a funcionar o local para atendimento aos moribundos. Em muitos casos, após ser amorosamente atendidos, os moribundos potenciais recuperavam a saúde e sobreviviam às agonias... provisórias.

Madre Teresa batizou aquele local de Nirmal Hriday, que em bengalês significa "coração puro", cuja denominação agradou bastante a população hindu – majoritária – de Calcutá. Essa mesma data também coincide com a solenidade litúrgica do Imaculado Coração de Maria, festa que, desde o início, as Missionárias da Caridade consideram como patronal da congregação. Dessa maneira, Madre Teresa soube atender à opinião de budistas e católicos e respeitá-la.

Vale esclarecer que Nirmal Hriday não foi a única denominação de um local tão emblemático, mesmo sendo o oficial e técnico desde o primeiro momento. Algumas vezes, talvez o leitor se depare com a denominação Kalighat. Na realidade, mais que o local em si mesmo, refere-se ao local e ao ambiente físico em cujo centro está o templo da deusa Kali. Como se pode perceber, nesse caso o nome da deusa protetora da cidade é utilizado como prefixo do próprio termo. Outras vezes se recorre à expressão descritiva "Lar do Moribundo Abandonado". Com ele, mais que nomeá-lo, descreve-se sua função, traduzindo o pequeno letreiro em inglês localizado na entrada do local: *Home for Dying Destitutes.*

Vale ressaltar que nem Madre Teresa nem suas Irmãs jamais tentaram converter ao cristianismo nenhum dos hóspedes do Nirmal Hriday. Porém nunca descuidaram de sugerir a todos, nos momentos derradeiros de suas vidas, de acordo com suas crenças, que se arrependessem e pedissem perdão pelo mal feito. Há, no entanto, uma norma de conduta vigente em Nirmal Hriday desde a inauguração, e não consta que exista a menor perspectiva de que tenha de ser mudada: a de que se vier a falecer, cada interno receba os auxílios finais que deseje, de acordo com suas crenças. Por isso, os corpos dos budistas – obviamente a maioria – são cremados e suas cinzas espargidas no Ganges. Além disso, ou é lida alguma página do Corão aos muçulmanos, ou é chamado um sacerdote para abençoar ou confessar – caso desejem – os pouquíssimos cristãos ou católicos falecidos no Lar, cuja porcentagem está em proporção com os escassos 10% existentes da população indiana.

Por razões óbvias, os serviços públicos municipais se encarregam de todas as providências relacionadas ao sepultamento (cremação – para a maioria – ou sepultura).

A casa de um muçulmano transformada em residência das Irmãs

De imediato, a congregação nascente das Missionárias da Caridade sentiu a necessidade de adquirir um alojamento de maior capacidade que a encontrada no apartamento posto à disposição pelo bom Michael Gomes. Novamente Padre Julien Henry, transformado circunstancialmente em agente imobiliário, soube que estava à venda a casa de um juiz muçulmano que, ao se aposentar, fora morar no Paquistão.

Um irmão do juiz ficou encarregado de procurar um comprador para o imóvel. Quem tinha a necessidade de adquiri-lo era exatamente o jesuíta belga. Conhecendo o costume indiano de regatear, inicialmente Padre Henry ofereceu uma quantia consideravelmente baixa, disposto a elevá-la quando o vendedor começasse a pechinchar. No entanto, ocorreu algo inteiramente imprevisto: assim que ouviu a oferta do jesuíta, o irmão do juiz, que também era muçulmano, pediu um breve recesso para poder consultar Alá em uma mesquita próxima.

Enquanto aguardava a resposta, Padre Henry pedia luz e força; ao mesmo tempo, armou-se intimamente a fim de estar preparado para o momento de encarar a batalha dialética do temido regateio. Contudo, ou ele se enganou ou mais provavelmente o Alá do vendedor e o Deus cristão do jesuíta entraram em acordo prévio. Quando retornou de sua oração, o muçulmano havia aceitado o preço proposto, feliz em saber que o imóvel teria um destino que – estava convencido disso – seria do agrado de Alá.

Um povoado autárquico para hansenianos

Entende-se facilmente que, embora empreendesse sua nova vida com o firme propósito de servir aos Pobres, Madre Teresa não predeterminou de nenhum modo as modalidades e os detalhes desse serviço. Para ela, o ato de servir incondicionalmente era o essencial. Até certo ponto, as condições e circunstâncias eram o de menos. Deixava nas mãos de Deus a oferta da possibilidade de descobrir gradualmente, com total disponibilidade de sua parte, a forma concreta de efetuar essa tarefa.

Ela iniciou as atividades com aulas de alfabetização e higiene a meninos do subúrbio. Sem abandonar essa tarefa, continuou com o oferecimento de assistência aos moribundos das ruas. (E como eram abundantes na Calcutá dessa época, os quais ainda são na de hoje!) Em seguida, descobriu outro setor abundante de pessoas necessitadas de cuidados: os hansenianos. Estabeleceu para eles algo que, com denominação um tanto enfática, chamou de "clínicas móveis", pelo pouco que tinham de clínicas e quase nada de móveis.

Tratava-se de um grupo de Irmãs que, em duplas, com um instrumental mínimo, quase circunstancial, se dedicava a buscar esses doentes e oferecer-lhes a cura em seus barracos ou onde quer que estivessem.

Com o tempo, a situação evoluiria para algo mais consistente. Com efeito, em 1964, quando dispôs de mais Irmãs e de mais meios, fundou Titagarh (Cidadela de Paz), uma espécie de povoado autárquico para a reabilitação de hansenianos, com uma verdadeira terapia ocupacional, duplamente proveitosa. Em primeiro lugar, pela eficácia de autoestima, mas também pela utilidade decorrente dessa terapia. Por exemplo, adquiriu vários teares para o local, os quais até hoje produzem tecidos para os dez mil sáris das Missionárias da Caridade. É aconselhável levar-se em consideração que, no mundo, existem aproximadamente cinco mil Irmãs professas e noviças, e que cada uma possui dois sáris: o que vestem habitualmente e uma muda, a qual lavam e trocam todos os dias.

Capítulo 12

ROMA CONCEDE SUA APROVAÇÃO

Insistentes orações à Providência

Rapidamente as circunstâncias se encarregaram de situar Madre Teresa diante da evidência de uma necessidade não menos essencial. Com frequência, os moribundos recolhidos pelas ruas tinham filhos de tenra idade que não podiam ser acolhidos em Nirmal Hriday, pois o local era destinado a adultos.

Em muitos casos, ela se deparou com situações ainda mais dramáticas: crianças de pouca idade choravam desconsoladas ao lado de seus pais ou mães já falecidos ou prestes a perder a vida pelas calçadas. Essa circunstância a convenceu da necessidade urgente de providenciar para esses pequenos órfãos um alojamento onde pudessem ser atendidos.

Sem terminar de quitar o empréstimo que haviam feito para a aquisição do imóvel, que seria na casa-matriz da congregação ao arcebispado de Calcutá, Madre Teresa e suas seguidoras começaram a buscar outro. Essa providência foi coroada de êxito. Tiveram a sorte de encontrá-lo no início da rua onde residiam (A. J. C. Bose Road, 54). Elas o destinaram ao asilo de crianças abandonadas e o batizaram de Nirmala Shishu Bhavan,* outra

* Casa da Esperança. (N.R.)

denominação que – como é fácil supor por sua semelhança com o do Lar do Moribundo Abandonado – tem um significado favorável tanto para budistas quanto para católicos.

Vale destacar que a busca do local, naquele e em outros casos, foi muito mais "curiosa" – cabe ao leitor a iniciativa de encontrar qualificativo mais adequado – do que descrevi. Em todas as ocasiões, a Madre fundadora pediu que suas Irmãs fizessem algo com que também ela havia se comprometido: foi uma espécie de "insistência" nas orações à Providência para que as auxiliasse na localização do que procuravam.

Nos casos urgentes, Madre Teresa costumava recorrer, como até hoje fazem suas Irmãs, a uma oração que sempre foi muito útil... e que dava bons resultados: o "Lembrai-vos":

> Lembrai-vos, ó piíssima Virgem Maria, que nunca se ouviu dizer que, daqueles que recorreram à vossa proteção, que imploraram vossa assistência, que reclamaram por vosso socorro, algum fosse por vós desamparado. Animada, pois, com igual confiança, a vós, Virgem entre todas singular, como Mãe eu recorro, de vós me valho e, gemendo sob o peso de meus pecados, me prostro aos vossos pés. Não desprezeis as minhas súplicas, ó Mãe do Filho de Deus humano, mas dignai-vos de ouvi-las propícia e de alcançar-me o que vos rogo. Amém.

Sua fé era sempre tão forte que, antes mesmo de conseguir o que pedia, sugeria que se recitasse – com ela – um número proporcionado de "Lembrai-vos", em ação de graças à Providência. Muitas vezes, o benefício veio quase miraculosamente. Houve casos, sobre os quais há testemunhos tão confiáveis quanto discretos, em que necessitava para os seus Pobres ou para suas Irmãs – as quais também eram pobres, embora voluntárias – de algum local ou de algum terreno; então ela lançava através de uma grade uma simples medalha da Milagrosa, cujo gesto era

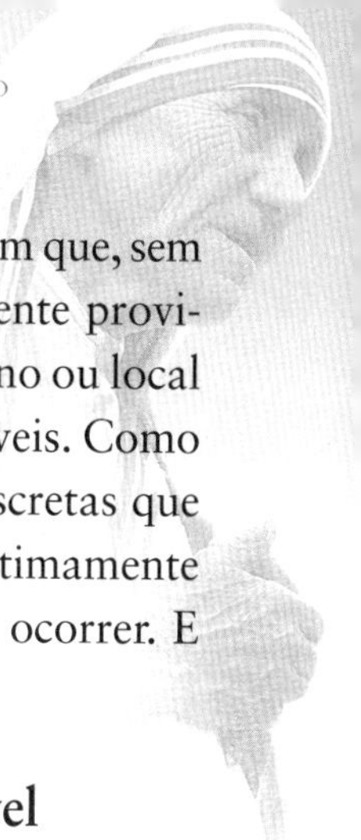

precedido e seguido de orações. Chegava o momento em que, sem nenhuma pressão humana, de maneira misteriosamente providencial ou providencialmente milagrosa, aquele terreno ou local lhe era oferecido em condições razoavelmente aceitáveis. Como mencionei, há testemunhas tão confiáveis quanto discretas que não gostam de alardear os milagres, mas que estão intimamente convencidas de que, por misteriosas razões, podem ocorrer. E certamente ocorrem!

A aprovação de Roma, requisito indispensável

Basta – deveria bastar – o que foi até aqui relatado apressadamente para se ter uma ideia sobre o então relativamente longo e denso relato de iniciativas de Madre Teresa e de suas Missionárias da Caridade.

Aqui, vale ressaltar que as iniciativas surgidas em Calcutá – como o atendimento à infância necessitada, o estabelecimento de um lar para moribundos abandonados, a fundação de um asilo para crianças órfãs com deficiências especiais, a criação de clínicas móveis para o cuidado de hansenianos, entre outras – representaram o modelo, com as inevitáveis particularidades de cada caso, de empreendimentos que se expandiram para outras cidades da Índia e que, posteriormente, após ser obtida a aprovação definitiva de Roma, surgiram em cada uma das centenas de países onde se estabeleceram as Missionárias da Caridade. O surgimento dessas iniciativas ainda é contínuo pela rápida, se não rapidíssima, expansão experimentada pela obra fundada por Madre Teresa enquanto ela vivia, e que se mantém em ritmo constante, mesmo após mais de cinco anos de seu falecimento.

Quem ignora que o estabelecimento de uma congregação religiosa na Igreja, tanto masculina como feminina, necessita de permissão da autoridade eclesiástica? Essa utilização, que costuma ser gradual e dupla, requer tempo e... provas. Primeiramente, é necessária uma permissão diocesana, a qual precisa ser concedida pelo bispo da própria diocese. Depois, a permissão – ou antes, a aprovação – pontifícia, para toda a Igreja.

Com a permissão diocesana, a congregação começa a andar, com caráter que se poderia qualificar de experimental, no âmbito reduzido de uma diocese, sob a supervisão do respectivo bispo. Dificilmente qualquer congregação religiosa, tanto feminina como masculina, supera a fase de aprovação diocesana antes de transcorridos pelo menos vinte anos. A menos que ela conte com "altos apoios", aos quais também – que ninguém se escandalize – às vezes se recorre em uma Igreja militante, em cuja gestão visível intervêm algumas pessoas que, embora teoricamente aspirem à santidade, parecem consegui-la com maior crédito que outras...

Quando tudo transcorre sem incidentes e o bispo informa a Santa Sé de maneira favorável, esta última costuma proceder à concessão do que se denomina autorização pontifícia após examinar minuciosamente os estatutos regentes da nova congregação. Uma aprovação que, com a assinatura do Papa, reconhece a validade dessa instituição para toda a Igreja. Apesar disso, o simples fato de ter recebido aprovação por parte do bispo de Roma não significa que essa congregação possa se expandir em outra diocese sem convite ou permissão prévia de seu bispo, pois essa é uma condição essencial.

João XXIII e seu Concílio

A congregação iniciada por Madre Teresa e um pequeno grupo de ex-alunas manteve-se, por mais de uma década, com uma simples aprovação diocesana. Apesar de os bispos indianos e o representante da Santa Sé em Nova Délhi informarem de modo positivo a respeito das Missionárias da Caridade, Roma demorou mais de dez anos para conceder-lhe a aprovação definitiva. A causa formal desse atraso foi um fato de importância excepcional na história da Igreja do século XX.

Em 1958, após o falecimento de Pio XII, foi escolhido, contra qualquer prognóstico, um Papa que surpreendeu a todos. Antigo professor de seminário, secretário de seu bispo, delegado nacional de missões, visitador apostólico posteriormente na Turquia e na Grécia, a seguir núncio na França e por fim arcebispo de Veneza e cardeal, seu nome era Ângelo Giuseppe Roncalli. Eleito aos 77 anos, optou por chamar-se João XXIII. Ainda que seus eleitores considerassem que seria um "papa de transição", a nada menos que três meses de sua eleição, ele surpreendeu o mundo com a convocação de um concílio ecumênico.

À espera do Vaticano II

Por ser a aprovação de novas congregações um fato de relativa transcendência e talvez também porque havia um verdadeiro excesso de congregações religiosas, tanto masculinas como – em maior número – femininas, as autoridades da Igreja Católica decidiram adiar, para depois da celebração do Concílio e da promulgação de seu corpo doutrinal, todos os assuntos de menor importância, entre os quais a possível aprovação de novas congregações religiosas.

Essa foi a razão dada à própria Madre Teresa na sede romana da Propaganda Fide quando, em 1960, ao regressar de uma conferência e de um congresso de Mulheres de Ação Católica nos Estados Unidos, quis passar por Roma para ver como estava a aprovação pontifícia das Missionárias da Caridade.

Após a chegada a esse ponto, cabe a mim fornecer uma dupla explicação:

1) Pelo fato de a Congregação das Missionárias da Caridade ter surgido em "território de missão" – uma espécie de terceiro mundo religioso em relação àquele supostamente desenvolvido da catolicidade –, do ponto de vista jurídico dependia da Congregação de Propaganda Fide, em vez de depender da Congregação de Religiosos.
2) Sua conferência nos Estados Unidos para as Mulheres de Ação Católica foi iniciativa e mérito de uma das pessoas que se mostraram mais generosas em relação à obra de Madre Teresa em favor dos Pobres: Eileen Egan. A menção sucinta de suas providências para a divulgação da obra em seu país e, por consequência, no Ocidente, assim como a generosidade manifestada para com as suas obras não caberiam nestas páginas. Basta citar que seu primeiro contato com a religiosa albanesa-indiana remonta a 1955, quando, conhecida por muito poucos na Índia, ainda era desconhecida no Ocidente. Eileen descobriu o trabalho da religiosa, a quem dedicou toda a generosidade possível a partir de seu cargo de alta responsabilidade na Caritas dos Estados Unidos, que naquela época se denominava Catholic Relief Services. Convencida de que ninguém estava mais bem qualificada que Madre Teresa para dirigir a palavra a uma convenção de Mulheres de Ação Católica dos Estados Unidos, conseguiu fazê-la empreender uma viagem ainda mais longa que aquela que ela fizera pela primeira vez havia trinta e dois anos, na ocasião em que deixara Skopje para chegar à Índia, passando pela Irlanda.

A convenção foi realizada em Las Vegas. No percurso até o local determinado e conduzida por Eileen, Madre Teresa visitou algumas cidades e capitais. Washington, por exemplo, e Nova York. Mas também Paris, Genebra, Frankfurt e Roma. Foi uma viagem enormemente rentável, cuja passagem de ida e volta – em uma companhia que já não existe, a Pan American Airways – foi oferecida pelas Mulheres de Ação Católica dos Estados Unidos. Essa jornada foi muito positiva, porque os que a ouviram e tiveram notícia de seu trabalho em favor dos Pobres por meio de tão convicta e persuasiva acompanhante e relações públicas se desdobraram em generosidade.

Contudo, não queria deixar aqui a impressão de que a religiosa concebera aquela viagem, nem nenhuma das centenas que fez em sua vida, como um deslocamento de "negócio caritativo", de que fosse em busca de ajuda financeira, embora esse auxílio estivesse destinado, até o último centavo, à causa dos Pobres. O objetivo de suas escalas em Frankfurt, Genebra e Paris não era arrecadar donativos, mas sim agradecer.

Naquela época havia começado a chegar até Madre Teresa o auxílio das distintas Caritas e Adveniats e Misereors e de outras organizações caritativas (e/ou humanitárias, mais que sucintamente filantrópicas) de diferentes países. A religiosa aproveitou a ocasião da viagem para agradecer pessoalmente o auxílio recebido. Felizmente, ocorreu o inevitável: os que tiveram ocasião de presenciar a simplicidade e a generosidade reunidas naquela pessoa que representava de maneira mais nobre e convincente os mais Pobres dos pobres se voltaram para ela. À parte, quem obteve um grande mérito foi Eileen. Madre Teresa sempre reconheceu isso, embora a amiga não objetivasse reconhecimento...

A passagem por Roma, efetuada em 1º de novembro, também proporcionada por Eileen – que coincidiu com a celebração de uma missa semiprivada pelo Papa João XXIII, à que assistiu –, tinha outro objetivo: ver como estava a aprovação das Missionárias da Caridade. Foi necessário que Madre Teresa aguardasse três dias para ser recebida pelo cardeal prefeito da Congregação de Propaganda Fide. Porém não perdeu tempo em visitar os monumentos, sagrados e profanos, da Cidade Eterna, o que não seria de seu desagrado se pudesse fazê-lo, mas suas prioridades eram outras.

A espera permitiu que se encontrasse, após trinta e dois anos, com o irmão, Lazar. Após se casar com uma italiana, havia se estabelecido em Palermo, onde trabalhava como representante de um laboratório farmacêutico. Tiveram a oportunidade de conversar longamente sobre outras duas pessoas cuja ausência física lhes provocava muitas saudades: mamãe Drana e a irmã, Aga, com quem Lazar se correspondia com mais frequência que Gonxha. Ele inteirou sua irmã religiosa sobre as condições precárias – tanto de saúde como econômicas – em que as duas viviam. Com o apoio e a solidariedade de Eileen, Madre Teresa tentou uma ação na embaixada albanesa junto ao governo italiano a fim de obter a licença para que a mãe e a irmã pudessem deixar a Albânia e se estabelecer na Itália ou em outro país. No entanto, tropeçou na omissão do corpo diplomático do próprio país. Nem sequer pôde se entrevistar com o embaixador; foi atendida por um funcionário sem muitas qualificações. Testemunha desse dislate por parte da representação diplomática e do desgosto provocado na religiosa, Eileen iria refletir sobre as muitas portas que Madre Teresa conseguiu abrir em favor de milhares de pessoas no mundo diante do paradoxo do que, pela burocracia de um regime, viu ser negado a seus entes mais queridos e, naquela circunstância, também mais necessitados: a própria mãe e a irmã.

Uma fé simples e forte

Seu desejo de conseguir a aprovação pontifícia das Missionárias da Caridade não se relacionava com a vontade de obter maior grau no nível eclesiástico. Havia uma razão mais forte: a ausência dessa aprovação limitava as possibilidades de expansão e de fazer o bem. Especialmente, porque os bispos, a começar pelos da Índia, censuravam os jovens de suas dioceses interessados em uma congregação que ainda não possuía a aprovação formal da Santa Sé. Esse mesmo fato se tornou um empecilho aos próprios bispos, os quais eram impedidos de convidar as Missionárias da Caridade a abrir centros de assistência aos Pobres em suas dioceses, não menos necessitados que os de Calcutá.

Apesar disso, antes de receber essa provação, vários bispos da Índia solicitaram às Missionárias da Caridade que desenvolvessem, em suas dioceses, o mesmo trabalho realizado na capital, Bengala. Em todo caso, eles eram os primeiros no desejo de que a Congregação recebesse tão importante aval por parte da Santa Sé, porque, além disso, estavam convencidos de que o mereciam e que, cedo ou tarde, essa aprovação chegaria.

Portanto, antes foi celebrado o Concílio Vaticano II, inaugurado por João XXIII em 11 de outubro de 1962 e encerrado por seu sucessor, Paulo VI, em 7 de dezembro de 1965. Tanto Madre Teresa como suas jovens seguidoras esperaram pacientemente, vendo e aceitando, nas circunstâncias externas, a amorosa mão de Deus. No final das contas, a religiosa sempre se mostrou convencida de que era Deus quem fazia tudo e de que ela não passava de um instrumento inútil. (Em certa ocasião, ela disse: "Estou mais convencida de que a obra é de Deus do que eu estou viva".)

Com a fé que a alguns pode parecer simples, embora fosse muito forte, ela divisava em tudo a vontade positiva ou permissiva de Deus. Quando algo desejado para a Congregação não se realizava, ela não se abalava. Interpretava isso como sinal divino. E estava convencida de que, se quisesse algo para a Congregação, ele lhe proveria com os meios para realizá-lo. Se esses não chegassem, para ela, era sinal de que Deus não desejava aquilo.

Capítulo 13

PAULO VI PRESENTEIA MADRE TERESA COM SEU AUTOMÓVEL

Um Lincoln branco conversível

Nos primeiros dias de fevereiro de 1965, antes do término do Concílio, Paulo VI assinou a aprovação pontifícia das Missionárias da Caridade. Alguns meses antes, no início de dezembro de 1964, o próprio Papa havia realizado um gesto que, embora aparentemente não estivesse relacionado com a formalidade da aprovação, demonstrava uma grande estima por Madre Teresa e sua obra.

De 2 a 5 daquele mês, Paulo VI viajou para Bombaim, de avião, para assistir a um congresso eucarístico internacional. (Ele foi o primeiro Papa a usar esse meio de transporte, ao qual seu segundo sucessor, João Paulo II, recorreria centenas de vezes.) Em seu deslocamento entre Bombaim e Nova Délhi, o Papa utilizou um Lincoln branco conversível que recebera como presente dos católicos norte-americanos.

Concluída a viagem, quando estava no aeroporto da capital indiana prestes a embarcar de volta, Paulo VI anunciou que não objetivava ressaltar a própria generosidade, mas sim a de outra pessoa, sobre a qual possuía relatórios dos mais confiáveis. Em transmissão direta pela TV, ele anunciou, *urbi et orbi*, que presentearia Madre Teresa por "sua obra de amor universal" com o automóvel utilizado naqueles dias.

O Papa sabia que a Madre não iria usar o veículo nem sequer para os seus percursos de caridade. É improvável, porém, que conhecesse de antemão o uso que a destinatária daria a tão imprevisível presente. Mas estava convencido de que uma pessoa tão desprendida dos bens materiais e dedicada ao benefício dos outros como ela saberia utilizá-lo do melhor modo possível.

Ao receber o presente, a religiosa fez rifar o automóvel. A arrecadação serviu-lhe para suprir uma necessidade que naquele momento considerava prioritária: a fundação do povoado já mencionado, Titagarh. O gesto de Paulo VI queria produzir – e produziu – outro efeito: divulgar ao mundo inteiro a obra de uma madre da qual quase ninguém, ainda, tinha ouvido falar...

"Obrigada, Santo Padre, em nome dos Pobres!"

Infelizmente, no relato de uma vida tão intensa como a de Madre Teresa, quase não sobra espaço para informações certamente abundantes e, sem dúvida, exemplares! Simplesmente em relação, nada mais que cronológica, à presença de Paulo VI em Bombaim e Nova Délhi e à decisão de presentear a religiosa, haveria certo número de anedotas, ou de detalhes, que certamente serão muito apreciados pelo leitor.

Damos espaço para, pelo menos, dois desses exemplos. Pela importância de Madre Teresa – da qual, naturalmente, ela não tinha consciência –, as autoridades religiosas da Índia (naquele momento, a máxima autoridade era o arcebispo de Bombaim, Cardeal Valerian Gracias) pediram que, por Deus!, ela não deixasse de participar dos atos do congresso eucarístico, sobretudo quando o Santo Padre estivesse presente.

Madre Teresa, que sempre e em tudo se mostrou submissa à autoridade eclesiástica – até mesmo quando lhe pediram algo humanamente incômodo! –, aceitou esse desejo sem objeção, ainda mais que lhe permitiria manifestar a fé e devoção à Eucaristia.

Primeiro, ela seguiu os atos do congresso em Bombaim e, a seguir, se deslocou até Nova Délhi, por obediência às autoridades religiosas e por devoção ao Papa. É mais que provável que, por trás da sugestão do Cardeal Gracias, estivesse o desejo explícito de Paulo VI, que não objetivava difundir sua generosidade com o presente, mas sim divulgar a obra de Madre Teresa e suas Irmãs.

No momento em que o Papa anunciou seu gesto e citou o nome da religiosa, as câmeras de TV a procuraram entre as pessoas presentes no aeroporto para a despedida do Papa. Mas ela não estava em nenhum lugar. Será que, no último momento, faltara ao encontro?

Antes de ir ao aeroporto, ela fora a um dos centros atendidos por suas filhas em Nova Délhi e as encontrou ocupadíssimas com o caso de um doente muito grave, que necessitava de cuidados urgentes. Mais uma vez, agiu da mesma forma que nas demais ocasiões quando ia visitar suas filhas no centro da Índia ou da Nova Guiné: arregaçou as mangas com a maior naturalidade do mundo e compartilhou com elas as tarefas mais humildes, a começar, é claro, pelas mais urgentes. Como naquela manhã em que, sem que suspeitasse, o Papa iria prestar-lhe uma homenagem no aeroporto de Nova Délhi, cujo fato foi testemunhado pelas câmeras de TV, enquanto ela se dedicava à tarefa urgentíssima de assistir um enfermo recolhido na rua em estado quase agonizante.

A limusine branca é rifada

Horas mais tarde, Madre Teresa foi informada da homenagem por um bispo checoslovaco. Naquele momento exilado em

Roma – ainda não se havia produzido o degelo por parte da chamada Cortina de Ferro –, ele havia comparecido ao congresso eucarístico internacional de Bombaim.

De acordo com relatos feitos a este autor, a religiosa teve uma surpresa tão grande, que ficou confusa. Então perguntou ao bispo como faria para agradecer ao Papa por tanta generosidade. Em seguida, fez algo muito simples, nada protocolar: arrancou uma folha de papel de um caderno muito modesto e, com a caneta esferográfica emprestada por seu interlocutor, escreveu algumas linhas. Ele lhe prometeu que, quando voltasse a Roma, faria o possível para que aquele bilhete chegasse até Paulo VI pela Secretaria de Estado.

Vale citar que ela agradeceu pelo presente sem sequer tê-lo visto. Porque, após tê-lo anunciado publicamente e pelo fato de a destinatária não estar entre os presentes no aeroporto, o Papa deixou o veículo aos cuidados da Sede da Internunciatura, na capital indiana. No dia seguinte, Madre Teresa foi buscá-lo. No trajeto de ida e volta, utilizou o transporte público. Com esse gesto, seu objetivo foi demonstrar que nem de longe sentiu a tentação de experimentar o Lincoln branco conversível.

O bilhete premiado coube a uma pobre viúva, que cuidava de um filho com necessidades especiais. Ela também não sabia o que fazer com o automóvel. Sua primeira ideia foi vendê-lo. Para confirmar algo que Madre Teresa – e também outros – dizia ser uma qualidade frequente dos Pobres – a generosidade –, a boa viúva, que não era católica nem cristã, mas hinduísta, doou à religiosa uma parte substanciosa do que arrecadou em favor da Cidade da Paz.

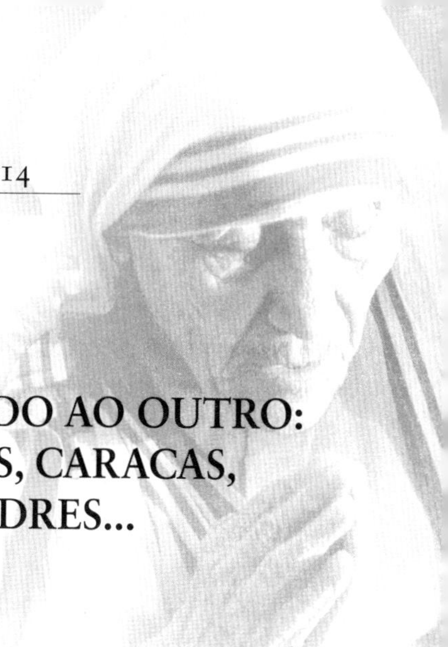

Capítulo 14

DO TERCEIRO MUNDO AO OUTRO: ESTADOS UNIDOS, CARACAS, ROMA, LONDRES...

Em fevereiro de 1965, quando chegou a aprovação pontifícia, a Congregação das Missionárias da Caridade contava com várias centenas de Irmãs professas. Embora a maioria delas fosse indiana, havia uma representação tão mínima quanto promissora de outras nacionalidades: alemã, inglesa, francesa.

Algumas dessas jovens, que em mais de um caso haviam concluído os cursos universitários, sentiram o chamado para ingressar em uma congregação tão radical após ler artigos em revistas religiosas, como a americana *Jubilee* ou a alemã *Weltenend*. Vale esclarecer que a autora do artigo de *Jubilee* foi Eileen Egan, que posteriormente escreveu uma das biografias mais detalhadas e completas de Madre Teresa.[1]

Nem bem a Congregação havia recebido a aprovação pontifícia, um bispo de outro país se dirigiu a Madre Teresa para solicitar a abertura de um centro de assistência em sua diocese. O primeiro a fazer um pedido dessa natureza foi Dom Críspulo Benítez, bispo venezuelano de Barquisimeto, no estado de Yaracuy.

---

[1] Egan, *Such a vision of the street...*, cit.

Ela não havia pensado nessa possibilidade por duas razões. Jamais teria se atrevido a imaginar que Deus fosse suprir a Congregação com tantas vocações para que pudesse atender aos pedidos de bispos de outros países. Mas também não suspeitava que em nenhuma razão, sobretudo no Ocidente, houvesse uma pobreza tão grande que pudesse justificar a abertura de centros de assistência por parte de uma instituição religiosa obrigada por voto a entregar-se ao "serviço generoso, gratuito e de todo o coração" aos mais Pobres entre os pobres.

Estava convencida de que na Índia havia campo mais que suficiente para seu trabalho. Porém sua atitude era de absoluta disponibilidade para o que Deus revelasse ser sua vontade, mesmo sem pretender, nem remotamente, que ele lhe falasse de maneira direta. Ela discernia a vontade de Deus por meio de sinais humanos, nesse caso o convite de um bispo venezuelano. Então, por exigência das constituições da congregação, fez uma visita prévia à Venezuela – acompanhada novamente por Eileen, que lhe organizou novamente um itinerário mais longo –, para observar a área indicada por Dom Benítez como a mais necessitada da presença de suas Irmãs.

Após essa visita, Madre Teresa concluiu que, embora não fosse como a dos bairros periféricos de Calcutá, a pobreza de Cocorote e de Catia La Mar, locais indicados pelo bispo venezuelano, sob alguns aspectos era ainda mais grave pelo profundo desgosto com que seus habitantes encaravam a penúria e pelo contraste com a riqueza dos arredores.

Além disso, ao saber que quem havia sugerido a assistência das Missionárias da Caridade ao bispo Críspulo Benítez fora o representante pontifício Dom James R. Knox, sua disposição para satisfazer o pedido do bispo de Barquisimeto se reforçou ainda mais.

No entanto, ocorreu algo que a convenceu definitivamente da bondade da iniciativa. A caminho da Venezuela, com as Irmãs destinadas à primeira fundação, Madre Teresa quis passar por Roma, onde foi recebida por Paulo VI. Não é improvável que o delegado apostólico estivesse por trás dessa ideia e que interviesse para facilitar o encontro.

A audiência pontifícia serviu para que Madre Teresa agradecesse pessoalmente ao Papa pela aprovação pontifícia e a doação do Lincoln conversível. Propiciou-lhe igualmente a oportunidade de pedir que Paulo VI desse uma bênção especial para as quatro Irmãs destinadas à nova fundação da Venezuela (uma delas era Nirmala, que seria sua primeira sucessora como superiora-geral, em março de 1997), para toda a congregação e para ela mesma.

Ele não somente as abençoou de boa vontade, como também aproveitou o ensejo para pedir que a fundadora lhe fizesse um duplo favor: que se dedicasse ao continente latino-americano – que de modo tão esperançoso se abria ao catolicismo – e, quando dispusesse de um grupo de Irmãs, aceitasse fundar um centro de Missionárias da Caridade em Roma, sua própria diocese.

Madre Teresa quase se sentiu humilhada com o pedido do Papa. Porém, a convicção dele era diferente. Era de seu interesse que na Cidade Eterna, onde já havia uma infinidade de sedes e representações de instituições religiosas, tanto masculinas como femininas, não faltasse o exemplo de austeridade e pobreza das Missionárias da Caridade. Ele mesmo sugeriu a *borgata*,** por onde talvez as Missionárias da Caridade pudessem começar: o local denominado Acquedotto Felice, no qual havia estado poucos dias antes, como bispo de Roma, em visita pastoral.

** Povoado. Em italiano no original. (N.R.)

As duas primeiras fundações europeias: em Roma e em Londres

Apesar de o pedido de abertura de casa das Missionárias da Caridade em Roma ter sido feito diretamente pelo Papa, Madre Teresa agiu da mesma forma que no caso da Venezuela, pois assim estabelecia a regra, que ela mesma havia redigido para a Congregação: visitou previamente o lugar para a possível localização de um centro de trabalho, a fim de comprovar que fosse um local de real pobreza.

Não se pode esquecer um detalhe que mostra, a uma distância quase histórica, a índole de Paulo VI: para facilitar as coisas para ela e, ao mesmo tempo, para "obrigá-la" um pouco à ação, ele lhe enviou duas passagens áreas de ida e volta, entre Calcutá, Roma e Calcutá: uma para ela e outra para alguma acompanhante, que naquele caso – e por muito tempo – era a anglo-maltesa Irmã Frederick, a segunda pessoa responsável pela Congregação. Elas não encontraram dificuldades em descobrir que as condições do local indicado por Paulo VI correspondiam às que, na medida do possível, desejavam aliviar com a fundação em germe.

Como acompanhante das duas religiosas pelos locais mais carentes, o Papa havia encarregado Dom Pio Laghi – que sucedera Dom James R. Knox como internúncio na Índia e que conhecia bem as Missionárias da Caridade.

Tanto Madre Teresa como a Irmã Frederick ficaram impressionadas diante da nova realidade. Mas perceberam que, infelizmente, o local mais necessitado, pela gritante pobreza, era aquele previamente sugerido, situado nas costas da famosa Via Appia.

Naquele local Madre Teresa fundou a primeira sede da Congregação na Europa. Alguns meses mais tarde, seguiu-se outra casa na periferia de Londres, no bairro de Southall, que, pelo forte contingente de população de origem indiana, apresentava uma remota semelhança com o subúrbio de Calcutá.

A dupla fundação, na Inglaterra e na Itália, possibilitou a divulgação mais intensa das Missionárias da Caridade, cujo hábito – o sári branco com listras azuis – chamava a atenção. No entanto, o mais impressionante era a rotina de austeridade e simplicidade das religiosas, com a generosidade do serviço gratuito aos mais Pobres entre os pobres.

Capítulo 15

OS IRMÃOS MISSIONÁRIOS DA CARIDADE

Ao levar-se em consideração que a cronologia das fundações da Venezuela, Itália e Inglaterra se situa entre 1966 e 1968, ocorreu um fato que merece que lhe dediquemos ao menos algumas páginas. Gradativamente, quase de maneira imperceptível, constituiu-se um grupo de rapazes dispostos a realizar uma experiência de vida e de assistência aos Pobres semelhante à realizada pelas Missionárias da Caridade.

Entre os primeiros quatro ou cinco deles, alguns eram irmãos de Missionárias da Caridade. Em seguida, juntaram-se outros, que se decidiram apresentar à Madre Teresa para lhe manifestar o desejo de constituir uma instituição religiosa cuja finalidade era levar uma vida de perfeição religiosa, com a realização de uma tarefa semelhante à das próprias Irmãs.

Sobrecarregada pela responsabilidade do seguimento humano e espiritual da ainda nascente Congregação das Missionárias da Caridade, com todas as obras em andamento (moribundos, crianças abandonadas, hansenianos...), dessa maneira, a Madre fundadora via acrescentar-se uma nova responsabilidade duplamente impossível. Em primeiro lugar, pelo excesso de trabalho; em segundo, porque a legislação eclesiástica proibia que uma instituição masculina estivesse sob o cuidado e a responsabilidade direta de uma mulher.

"Procura-se um jesuíta de bom espírito..."

Contudo, Madre Teresa não teve coragem, que antes teria considerado temeridade, de cortar pela raiz uma iniciativa com tão boas intenções, na qual entrevia um desígnio da Providência. Sem nem remotamente querer infringir alguma norma canônica nem negligenciar seu dever de dedicar tempo e cuidados à formação das Irmãs, ela pediu que o céu a iluminasse para realizar o que fosse mais de acordo com a vontade de Deus. Pensou receber a iluminação que buscava ao refletir que, como no início da obra, havia encontrado um apoio definitivo nos jesuítas Van Exem e Henry, a solução poderia estar no fato de que algum bom sacerdote, de preferência jesuíta, pudesse colocar-se à frente daquele grupo de jovens, ou ao menos assumir a corresponsabilidade por sua formação.

Após consultar previamente seus assessores espirituais, Padres Julien e Celeste, ela se dirigiu, por sugestão de ambos, a dois ou três jesuítas, sobre os quais lhe forneceram boas referências. Alguns deles teve até ocasião de conhecer pessoalmente e estimava seu bom espírito. Mas não teve êxito. Por várias razões, os três se declararam impossibilitados de atender a seus desejos.

Entretanto, o grupo inicial de jovens, aos quais se juntaram outros, oferecia-lhes um auxílio que, em certos casos – especialmente no Nirmal Hriday –, era muito eficaz, principalmente por sua condição masculina, por serem mais fortes que as mulheres.

Como alojamento, Madre Teresa ofereceu-lhes uma parte do asilo infantil Nirmala Shishu Bhavan, onde podiam colaborar de maneira mais imediata e constante que no próprio Nirmal Hriday, onde também colaboravam generosamente. No entanto, embora importante, a questão do alojamento não era sua principal preocupação a respeito deles. Madre Teresa considerava mais urgente encontrar alguém que cuidasse da formação daquele grupo de jovens, tão bem-dispostos. Continuou suas orações por essa intenção, sem deixar de buscar, convencida de que, se Deus aprovasse a iniciativa, não deixaria de prover os meios indispensáveis para levá-la adiante.

Ian Travers-Ball, outro jesuíta (australiano, não belga)

Em seguida sua fé recebeu resposta favorável da Providência. Certo dia em que passava pelo Nirmala Shishu Bhavan, descobriu, entre os jovens, um colaborador desconhecido. De estatura mais elevada que os demais, o desconhecido aproximou-se para cumprimentá-la. Também lhe informou sua disposição, se ela não visse inconveniente, de compartilhar as tarefas com os demais jovens. Acrescentou que era jesuíta de origem australiana e desejava preparar-se para os votos solenes com o desempenho de uma tarefa de assistência aos Pobres pelo período de um mês.

Madre Teresa aceitou encantada sua colaboração e percebeu que os jovens se sentiam felizes e edificados com a presença daquele sacerdote exemplar. Por sua vez, assim que pôde, a Madre fundadora buscou uma ocasião para comentar a feliz notícia com Padre Van Exem. Ele lhe disse que não conhecia o colega, uma vez que o jovem sacerdote pertencia à província australiana da Companhia de Jesus e não residia em Calcutá, mas em Hazaribagh.

Posteriormente, a religiosa continuou vendo o Padre Ian Travers-Ball (esse era o nome do sacerdote) algumas vezes. Cada vez mais, admirava-lhe o bom espírito, do qual tinha uma confiável confirmação na crescente estima devotada aos rapazes. Antes de completar um mês, de acordo com o que o jesuíta australiano havia se comprometido, Madre Teresa lhe propôs, quase como uma súplica, que cuidasse estavelmente da formação do grupo de jovens.

Não foi pequena a surpresa do jesuíta australiano diante de tal proposta. Por seu lado, Madre Teresa considerou muito razoável quando ele lhe respondeu que necessitava de alguns dias para pensar. E que, em qualquer caso, não podia se comprometer a aceitar a proposta sem o consentimento de seus superiores.

Ele refletiu e rezou por alguns dias, como também o fez Madre Teresa. A conclusão que amadureceu no espírito do jovem jesuíta foi de total disponibilidade para a tarefa proposta por uma mulher da qual havia ouvido falar com admiração, de cujo sentimento ele também partilhava desde que, ainda estudante de teologia, escutara uma conferência ministrada por ela, então estimada religiosa da comunidade jesuíta de Poona, da qual fazia parte. Faltava apenas a permissão de seus superiores. O provincial da Austrália suscitou o interesse, pela competência, do preposto-geral da Companhia de Jesus, que naquela época era o padre espanhol Pedro Arrupe.

Analisados os bons relatórios de seu provincial e a disposição favorável do Padre Travers-Ball, Pedro Arrupe concedeu uma permissão generosa. Propunha-lhe três opções:

a) permanecer um ano com aqueles jovens. Após esse período, reincorporar-se à Companhia;
b) prorrogar a permissão por mais um ano, uma vez concluído o primeiro;
c) incorporar-se à futura Congregação, após uma experiência suficiente, com a desvinculação, do ponto de vista jurídico, da Companhia de Jesus.

Irmão Andrew, o cofundador

O jesuíta australiano acolheu com gratidão o consentimento de seus superiores. Nem é preciso mencionar como Madre Teresa sentiu-se feliz. Não foi menor, contudo, a alegria daqueles jovens que haviam desfrutado a oportunidade de admirar o Padre Travers-Ball e de tê-lo como companheiro por um mês, tempo que se tornou curto.

O jovem sacerdote australiano se transformou, com toda a simplicidade, em seu irmão mais velho e dos que se uniram a eles em ritmo crescente. Tamanha foi sua dedicação que adotou um novo nome precedido do substantivo "Irmão". De fato, assim que assumiu a incumbência de formador do pequeno grupo, Padre Ian Travers-Ball iniciou o noviciado com aqueles primeiros jovens, como cofundador e mestre de noviços, embora ele também o fosse.

Concluído o noviciado de dois anos, também ele emitiu os votos da nova Congregação, que se denominou simplesmente Irmãos Missionários da Caridade. E adotou o nome de Irmão Andrew (ou André).

A marca de Inácio de Loyola

Por insistência de quem escreve estas linhas, Irmão Andrew teve uma razão exemplar: escolheu o nome de André pelo papel subsidiário que esse apóstolo, irmão de Pedro, desempenha no Evangelho. Nas narrativas, mais que um realizador, ele aparece em função auxiliar, fosse ajudando Pedro no lançamento das redes (Mt 4,18; Mc 1,16), fosse fornecendo materiais para que outro realizasse seus feitos, como, por exemplo, na multiplicação dos pães e dos peixes (Jo 6,8-13).

Madre Teresa ficou muito satisfeita de delegar a tarefa da formação daqueles jovens em tão boas mãos. Tamanha foi sua confiança em Irmão Andrew que o incumbiu de redigir algumas constituições para a Congregação dos Irmãos Missionários da Caridade. Contudo, vale citar que, mesmo convertido em virtual cofundador da nova Congregação, ele nunca se atribuiu essa condição, mas adotou para si mesmo uma denominação de sabor evangélico: a de servo-geral.

Aproveitou, entretanto, da autonomia concedida por Madre Teresa, não conseguiu desprender-se totalmente do espírito inaciano assimilado e vivido como membro da Companhia de Jesus. Daí o fato de que, em certo sentido, o espírito da Congregação dos Irmãos Missionários da Caridade refletir, até onde se expandiu a influência de Irmão Andrew, uma harmônica mistura de espírito inaciano com a marca do carisma da religiosa. Sem esquecer, por outro lado, que certa marca inaciana existia nas missionárias e nos Irmãos Missionários da Caridade por meio de Mary Ward e dos assessores espirituais de Madre Teresa, principalmente dos Padres Celeste van Exem e Julien Henry.

A propósito do hábito dos Irmãos

Em mais de uma ocasião, Irmão Andrew mencionaria dificuldade que, em alguns momentos, lhe representou esta condição e circunstância: a de sua formação jesuítica. De fato, mesmo coincidindo no substancial com Madre Teresa, houve detalhes relativamente secundários nos quais surgiram pequenos desacordos entre ambos. Por exemplo, em algo tão externamente vistoso como o hábito. Por vontade da fundadora, que havia sido a primeira a fazê-lo, as Missionárias da Caridade haviam adotado o sári, traje característico das mulheres indianas. De cor branca, que, como já foi citado, é distintiva da indumentária das mulheres pobres. De listras azuis, com intenção simbólico-mariana.

Os indianos carentes não têm uniforme distintivo, exceto para os mais pobres, que vestem modestos andrajos para se defender do frio e cobrir os corpos. Madre Teresa teria preferido que também os Irmãos Missionários da Caridade usassem um hábito claramente identificador. Irmão Andrew, ao contrário, defendeu a opinião de que ele mesmo e os irmãos se vestissem de maneira diferente da dos moradores de rua – calças, camisa, jaqueta ou paletó simples –, tendo como único distintivo uma cruz no lado esquerdo do peito.

Expansão da obra dos Irmãos

Sob a direção de Irmão Andrew, que permaneceu à frente dos Irmãos até 1987, a Congregação atingiu um desenvolvimento considerável, tanto em número de integrantes como em centros. Desde o início, foi – e continua sendo – um desenvolvimento estatisticamente muito inferior ao das Missionárias da Caridade. No entanto, o fato apresenta uma explicação bastante racional, se para fatos dessa natureza se pode recorrer a explicações... puramente racionais.

Antes de tudo, quando foi criada a Congregação dos Irmãos, as Missionárias da Caridade haviam completado dez anos de existência. Por outro lado, foi um fenômeno constante na Igreja, desde sempre, um maior número de vocações femininas que masculinas para institutos de vida consagrada. Não seria exceção o caso dos Irmãos em relação às Missionárias da Caridade!

O importante é que eles também se caracterizam por um espírito de serviço generoso, de todo o coração e absolutamente gratuito aos Pobres mais pobres, até limites, às vezes, heroicos. Um serviço realizado não somente na Índia, que é por onde também eles começaram e em cujo lugar sua presença é mais numerosa, mas também expandido a outros países, em alguns dos quais chegaram antes das Irmãs. Por exemplo, no Vietnã e no Camboja, onde ofereceram seu serviço aos pobres em momentos difíceis e de onde logo tiveram de partir, por serem incômodos ao novo regime. Estabeleceram-se também nos Estados Unidos (Los Angeles), em El Salvador, Inglaterra, França, Itália e Suécia, entre outros países.

Capítulo 16

OUTROS BROTOS DA MESMA ÁRVORE

Do carisma de Madre Teresa, em todos os momentos atenta aos sinais de Deus, brotaram outras iniciativas caracterizadas sempre pelo objetivo fundamental da consagração e do amor a Jesus mediante o serviço generoso, gratuito e desinteressado aos Pobres mais pobres. O fruto desse objetivo foi sua intenção sobre a oportunidade de coexistência. Na mesma Congregação, de dois ramos ao mesmo tempo ligeiramente diferentes e irmanados. Intuiu, por exemplo, a conveniência de um segmento de Missionárias da Caridade contemplativas, com a inicial e básica, mais numerosa, das Missionárias da Caridade ativas.

As primeiras desenvolvem uma atividade mais ativa de serviço direto aos Pobres, sem menosprezo de sua vida de oração. Na vida das Missionárias da Caridade contemplativas, o tempo de oração prevalece, em sentido até cronológico, sobre o do serviço igualmente direto e generoso aos Pobres mais pobres.

As contemplativas e ativas professam os mesmos quatro votos de pobreza, castidade, obediência e serviço gratuito e para toda a vida aos Pobres mais pobres. A diferença está no fato de que as primeiras estão entregues mais diretamente à atividade do serviço, sem menosprezo de uma intensa vida espiritual. As segundas são essencialmente contemplativas. Por isso, dedicam-se a uma vida consagrada mais plenamente à oração e à meditação, evidentemente sem negligenciar em suas jornadas um espaço cronológico de serviço generoso, gratuito e humilde aos Pobres mais pobres, nos quais identificam Jesus.

Foi a própria Madre Teresa, sua fundadora, que, em uma conversa com colaboradores de sua obra, descreveu nestes termos a especificidade das Missionárias da Caridade contemplativas, as quais, por algum tempo, também definiu como Missionárias da Palavra:

> As Missionárias da Palavra constituem nosso ramo contemplativo. Têm três horas de oração em casa e uma na paróquia. Depois, por duas horas, saem e falam de Jesus. Não que falem em público, nas praças ou ruas mais frequentadas. Simplesmente se limitam a falar de Jesus àqueles que desejam escutá-las. As pessoas ardem em desejos de escutar os que falam de Nosso Senhor.

Na mesma conversa, disse algo surpreendente: apesar da saúde muito alquebrada, ela, que se manteve ativa até os últimos dias de sua vida, revelou que a tarefa não era o que mais desejava. Afirmou:

> No que me diz respeito, teria gostado de poder me retirar entre essas Irmãs para levar uma vida de contemplação, para estar com Jesus: nada mais. Sempre desejei ser uma contemplativa: permanecer com Jesus todo o dia, pensar apenas nele, falar só dele.

Missionários(as) da Caridade leigos(as)

Também brotou de seu carisma uma instituição que, embora timidamente no início, tem certo arraigo. Trata-se dos (e das) Missionários(as) da Caridade leigos(as), pessoas que, convenientemente formadas e profundamente convencidas da espiritualidade da obra das Missionárias da Caridade, professam os votos religiosos, porém com a preservação da condição familiar e social compatível com a situação de leigas.

Do ponto de vista estatístico, há um predomínio da condição dos denominados sucintamente colaboradores da religiosa. Uma denominação – vale ressaltar – que, despojada de matizes, ela não apreciava. Preferia tratá-los como colaboradores de Cristo com Madre Teresa. Queria deixar muito claro que não buscava auxiliares para si mesma, uma vez que estava e se sentia inteiramente a serviço dos Pobres e, neles, a serviço de Jesus Cristo.

Ela descrevia como característica desses colaboradores o reconhecimento, na fé, de Cristo nos Pobres, e a disponibilidade para servi-los com generosidade, gratuitamente e de todo o coração, como se fosse – porque é! – um serviço direto a Cristo.

Evidentemente, para um cristão, essa colaboração supõe um grau mais explícito e efetivo de espírito evangélico. Porém, desde os primórdios, a obra de Madre Teresa contou com a ajuda de diversos colaboradores de outras religiões e até de não cristãos. O que é tão verossímil como de fácil constatação, após considerar que sua obra nasceu, atingiu e mantém o maior desenvolvimento em um país com presença numericamente escassa de católicos (e até de cristãos), como é a Índia, onde são muito mais numerosos os budistas, muçulmanos, parsis, *sijs*[*] etc.

Trata-se de uma colaboração livre e voluntária. Não supõe credenciamento prévio nem posterior. Nem é preciso apresentar qualquer documento para colaborar, nem se recebe depois de tê-lo feito. A colaboração não impõe, normalmente, um horário rígido, nem de início nem de término. Essa afirmação é feita por Irmã Nirmala, sucessora de Madre Teresa no cargo de superiora-geral.

[*] Temíveis guerreiros, sectários do *sij*, religião fundada pelo guru Nanak, que uniu o hinduísmo ao islã. Os *sijs* rejeitam a divisão de castas. (N.R.)

Não era preciso que ela o mencionasse. Porque foi assim desde o primeiro momento, ao longo dos anos em que esteve à frente e em primeira linha aquela que legitimou esse método de auxílio nas múltiplas tarefas em que se concretiza a possibilidade de servir aos Pobres mais pobres, ou aos simplesmente pobres: Madre Teresa de Calcutá. De acordo com as palavras da Irmã:

> Todos podem colaborar conosco em nosso trabalho, pelo tempo que quiserem. Ou, se quiserem, apenas um dia. Não lhes perguntamos quem são nem de onde vêm. Nem sequer se são ou não cristãos. O que importa é que tenham optado pelo serviço aos Pobres.

O significado de colaborar

Quase não há instituição religiosa que não procure colaboradores leigos externos ou que não conte com eles como prolongamento de seu carisma específico. Fato que não deixa de ser louvável em si mesmo, mas é ou parece menor quando se trata de grupos mais fechados neles mesmos que abertos para os outros. Ou quando se manifestam – ou transmitem essa impressão – afetos de uma união excludente, pouco menos que maniqueísta.

Com isso, não se quer insinuar, absolutamente, que tudo o mais tenha defeitos e que tudo o que se relaciona ao carisma de Madre Teresa seja, até acidentalmente, bom. O certo é que, em nenhum momento, ela foi favorável, nem mesmo de modo inconsciente, a que a colaboração pudesse se desviar do objetivo único e essencial de servir a Cristo nos Pobres.

Por isso, ela foi sempre clara em dizer, por exemplo, que não ousava tanto nem objetivava uma colaboração que pretendesse reduzir-se de maneira principal, se não exclusiva, em oferecer dinheiro aos Pobres, como se lhes fosse dada uma parte do próprio tempo e, primeiramente, se respeitasse a condição de seres humanos e de filhos de Deus. Dissuadia de medir a colaboração com critérios estatísticos e não pessoais. Pois, para ela, o que mais importava era a pessoa.

Recomendava que se evitasse a ilusão de buscar o próximo distante, com risco, às vezes, de negligenciar o próximo mais próximo e que pode ser o vizinho da frente ou do lado, quando não é até mesmo – e em primeiro lugar – o marido ou a esposa, os filhos, os próprios pais, entre outros. Dizia ter muito menos mérito, ou ser menos digno, dar aquilo que sobra que doar com sacrifício, como a privação de algo que lhe custe caro. Dar – especialmente se dar – até doer, não por masoquismo, mas como expressão de amor a Cristo nos Pobres. Não se pense, no entanto, que Madre Teresa apreciasse escolher atitudes magisteriais. Falava a partir de sua experiência, de coisas que brotavam de seu coração, como se ela mesma aprendesse – porque aprendia – com a realidade observada.

Por isso, como uma das melhores lições de amor que ela mesma aprendeu, citava com frequência o exemplo de uma mãe hinduísta com vários filhos... Ao saber que havia vários dias que essa família não se alimentava porque acabara o pouco que tinha, alguém informou o fato à religiosa. Imediatamente ela preparou algumas porções de arroz e levou a eles. De acordo com seus relatos, comoveu-se até as entranhas ao perceber a fome refletida nos olhos dos meninos e a angústia materna.

No entanto, ficou muito surpresa com o gesto da mulher. Enquanto os filhos comiam, separou a metade das porções de arroz e saiu com o alimento; alguns minutos depois, retornou com as mãos vazias. Após ser questionada por Madre Teresa sobre o que havia feito com as porções de arroz, respondeu-lhe sucintamente: "Eles também têm fome!". Ela se referia à outra família, também hinduísta e não menos numerosa, sua vizinha da frente.

Madre Teresa, Rainha da Caridade – como foi definida pouco depois de seu falecimento pelo então presidente da República italiana, Luigi Scalfaro –, resumia em uma simples expressão toda a admiração que sentiria, pelo restante da vida, por aquela mãe: sua disponibilidade para compartilhar. Acrescentou que decidira levar mais arroz àquela mulher e a seus filhos somente na manhã seguinte. Naquela noite, quis deixá-la com a suave emoção de ter compartilhado...

"Caridade excessiva" dos colaboradores alemães

Madre Teresa sabia de tal maneira buscar o essencial na colaboração, e dessa maneira priorizar o pessoal e afetivo sobre o material e econômico que, certa vez, chegou a pedir que seus colaboradores se abstivessem de promover coletas em dinheiro para elas.

Na década de 1970 – na realidade, em 1976 –, ela fez isso com os colaboradores alemães. Esse gesto teve uma ampla repercussão, em primeiro lugar entre os diretamente atingidos. Eram ainda os anos do chamado "milagre alemão", como também houve outros milagres econômicos posteriores, reais ou fictícios, em outros países.

Coincidentemente com essa prosperidade financeira, na Alemanha – a então República Federal –, houve uma queda de generosidade para com a obra das Missionárias da Caridade. À frente dos colaboradores havia duas pessoas bem qualificadas e eficazes: uma professora e um contador de uma instituição financeira, ambos aposentados e tão entusiastas da obra de Madre Teresa como capazes de divulgá-la. Enviavam aos associados algumas circulares muito estimulantes, para convidá-los a comprometer-se com a contribuição em cotas periódicas fixas.

A isso, foi adicionada a circunstância de que, nos primeiros tempos da Congregação, haviam ingressado nela duas ou três jovens alemãs que se converteriam em muito válidas Missionárias da Caridade, as quais contribuíram com uma positiva mescla de etnias muito bem harmonizada com a prevalência numérica indiana.

Porém, em uma reunião com os colaboradores de sua obra realizada em meados de agosto de 1976, Madre Teresa esclareceu, não sem lhes manifestar seus mais comovidos agradecimentos pela generosidade, uma vez que a remessa dos marcos era alta, que, embora fosse importante, essa quantia não era tudo nem o principal. Ela pediu que eles se abstivessem de arrecadar dinheiro por algum tempo, até que lhes desse – se é que lhes daria – um novo aviso.

Uma súplica: "Por favor, não peçam dinheiro!"

Naquela ocasião, ela lhes disse:

> Temos de nos empenhar para que nosso trabalho seja uma obra de amor, e para poder conservá-lo assim, deve ser estabelecido sobre a base do sacrifício. Como os senhores sabem, nossas Irmãs fazem voto de entregar-se de todo o coração ao serviço generoso dos Pobres mais pobres e, por meio desse voto, depositamos toda a nossa confiança na Divina Providência. Não aceitamos nenhuma retribuição pelo trabalho que realizamos, nem constituímos uma organização para arrecadar fundos. Temos de realizar a obra de Deus com amor e sacrifício, se necessário. Por isso temos de esclarecer que todo dinheiro, alimentos, remédios e outras doações que recebemos serão utilizados exclusivamente para os Pobres atendidos pelas Missionárias da Caridade. Isso constitui um ato de justiça aos Pobres, em cujo nome aceitamos

> tais doações. Preferiria que os senhores se abstivessem de pedir que pessoas contribuam com qualquer quantidade fixa que seja, semanal ou mensal. Na Índia também não permito isso. Dependemos da Divina Providência, e não gostaria que as pessoas tivessem a impressão de que aquilo que nos interessa é o dinheiro delas. Os colaboradores também devem depender da Divina Providência. Se as pessoas oferecem dinheiro voluntariamente, louvado seja Deus! Mas, por favor, evitem compromissos a prazo fixo, que os obrigariam a perder tempo em arrecadar dinheiro e em contabilizá-lo. Nem façam publicidade, nem escrevam cartas, nem enviem circulares para pedir dinheiro, nem façam coisas para serem vendidas. Devemos levar o espírito de sacrifício à vida das pessoas. Acredito que é assim que Jesus nos quer e não me cansarei de repetir isso. Não somos nem nos transformamos em uma organização para arrecadar fundos.

Essa intervenção gerou um equívoco, do qual Madre Teresa era inocente. Assim que se inteirou do ocorrido, ela esclareceu o assunto da melhor forma. Certo jornalista, ao conhecer a diretriz da religiosa a seus colaboradores – principalmente os alemães, mas não só eles –, publicou uma notícia falsa: afirmou que a religiosa dispunha de tanto dinheiro que não necessitava mais dele. Ela lhe respondeu que não lhe sobrava dinheiro para atender às necessidades dos Pobres. Seu objetivo era enfatizar outras formas prioritárias de as pessoas se mostrarem generosas para com os necessitados. E que também queria evitar que a caridade autêntica caísse no desprestígio em consequência de uma pedintaria que, precisamente, não contribui para dignificar a verdadeira caridade...

"Não faria isso nem por três mil dólares"

Entre mais de mil jornalistas que se aproximaram de Madre Teresa – dos quais a maioria a elogiou porque, entre outras coisas, não podia falar nem escrever mal a seu respeito –, houve um que, após observá-la cuidar com amor de um doente malcheiroso e provavelmente acometido de doença contagiosa, lhe disse: "O que a senhora está fazendo, Madre, eu não faria nem por mil dólares" (evidentemente, era a época em que o dólar valia bem mais que hoje...). Ela lhe respondeu: "Se fosse por dinheiro, eu lhe garanto que não faria isso nem por três mil dólares. Porém, realizo essa tarefa de boa vontade, pelo amor de Jesus Cristo".

Da dificuldade do que lhes cabe realizar continuamente, sabem bastante as Missionárias da Caridade, e talvez menos, porém um pouco também, os que desinteressadamente colaboram com elas. Principalmente a própria Madre Teresa, que dizia a algumas pessoas:

> Quanto mais repugnante parecer o trabalho, maior deverá ser nossa fé e nosso amor ao realizá-lo. Experimentar essa repugnância é a coisa mais natural do mundo. Superá-la por amor de Jesus nos torna heroicos. Ocorreu com frequência também nas vidas dos santos que essa ultrapassagem heroica da repugnância os impeliu aos cumes da santidade. Esse foi o caso, por exemplo, de São Francisco de Assis. Quando certa vez se encontrou com um semelhante desfigurado inteiramente por causa da hanseníase, deu um pulo para trás horrorizado. Mas venceu sua reação imediatamente e beijou aquele rosto horrível. O resultado foi que Francisco se sentiu plenamente invadido por uma alegria indescritível. Sentiu-se senhor de si mesmo, enquanto o hanseniano foi dando graças a Deus por sua cura.

Ao entrevistá-la, alguém perguntou: "Vocês não sentem nenhuma aversão diante de tanta miséria com a qual se deparam?".

Sua resposta foi a seguinte:

> Sim. Nosso trabalho se desenvolve principalmente com moribundos, idosos abandonados, crianças pobres e órfãs e hansenianos.

É inegável que se trata de um trabalho que, com frequência, é muito difícil para nós e que nem sempre se desenvolve em condições aceitáveis. Porém, todas nós nos encontramos mais à vontade entre os Pobres que entre os ricos. É nossa tarefa para toda a vida. Durante o noviciado, que dura dois anos, dedicamos diariamente meia jornada ao exercício prático de nossas obras. As noviças realizam-no sob a orientação de Irmãs mais velhas que elas. Depois, antes de nos ligar para toda a vida com os votos perpétuos, continua um trabalho prático nos anos de votos temporários. Nosso trabalho chega quase a se transformar em hábito, sem – é claro – chegar em nenhum caso a converter-se em uma rotina, o que se torna mais fácil para nós, vindo a ser algo espontâneo e natural.

Capítulo 17

REPORTAGENS, LIVROS, PRÊMIOS...

A partir de 1970, houve diversos livros, prêmios e reportagens dedicados a Madre Teresa e às Missionárias da Caridade, mas nenhum dos fatores que contribuíram para divulgar suas realizações foi artificial nem diretamente procurado. Entre eles, destaca-se a atenção dada pelos meios de comunicação em difundir sua "novidade", com destaque de maneira especial ao trabalho a um só tempo ingente e humílimo da religiosa.

Posteriormente, começaram a surgir, em diferentes meios de comunicação, matérias escritas, fotográficas e televisivas. A primeira rede de TV que divulgou o rosto e o trabalho da religiosa e de suas Irmãs, ao menos no Ocidente, foi a British Broadcasting Corporation (BBC). Também foram publicados artigos jornalísticos e até um livro, *Something beautiful for God* [Algo belo para Deus], cujo autor foi um grande jornalista e escritor, o inglês Malcolm Muggeridge,[1] o mesmo que a entrevistara para a BBC.

Surpreendentemente, o divulgador da obra da Madre, na realidade, professava-se radicalmente agnóstico e vivia antes despreocupado de temas religiosos.

Malcolm Muggeridge ficou impressionado com o trabalho de Madre Teresa, sobre quem começou a gravar uma reportagem

---

1 Muggeridge, Malcolm. *Something beautiful for God. Mother Teresa of Calcuta*. New York, Harper & How, 1971.

para a TV na Índia. Mas isso teve de superar a resistência da religiosa a qualquer forma de propaganda. Ela se manifestava convencida de que as obras de Deus não têm necessidade de publicidade. Sempre esteve disposta a cumprir este conselho evangélico: "... quando deres esmola, não saiba tua mão esquerda o que faz a direita" (Mt 6,3). Contudo, várias vezes reiterou seu agradecimento pelo trabalho de divulgar ao mundo a situação dos Pobres.

Por prever sua resistência, antes de ir a Calcutá com a equipe técnica – produtor, câmeras e técnicos de iluminação –, Muggeridge solicitou uma carta de recomendação ao então arcebispo de Westminster, Cardeal Carmel Heenan. Nela o primaz católico da Grã-Bretanha expressava à religiosa sua convicção de que o documentário televisivo seria, sem dúvida nenhuma, um meio eficaz de fazer o bem.

A lista de alguns prêmios

Naturalmente, houve também outros fatores que contribuíram de forma decisiva para a notoriedade da obra de Madre Teresa. Logo surgiram prêmios e distinções que inicialmente não só não lhe apeteciam, mas também ela até hesitou muito em aceitá-los. De fato, quando a informaram do primeiro desses prêmios, a religiosa dirigiu-se ao arcebispo de Calcutá, Dom Ferdinand Périer, para perguntar-lhe se deveria aceitá-lo ou não. O parecer de Dom Périer foi favorável à aceitação. O arcebispo se disse absolutamente convencido de que os prêmios constituíam uma magnífica possibilidade de divulgar a situação dos Pobres. Portanto, como Madre Teresa poderia recusar isso?

Como é sabido – ou não, mas é justo que se saiba –, o montante econômico geralmente acarretado por esses prêmios era direcionado, até o último centavo, aos Pobres. Mesmo incompleta, seria muito longa a lista deles, pois todos eram importantes pela especificidade e pelo significado. No entanto, é conveniente a menção de alguns deles. Por exemplo, o Prêmio João XXIII da Paz, que lhe foi entregue pessoalmente por Paulo VI, após lhe ter sido atribuído por um júri, nesse caso, exclusivamente eclesiástico.

A concessão da distinção à religiosa deixou Paulo VI extremamente feliz. Todos os que conviveram com o pontífice não se esquecem da imagem – que talvez tivesse mais de aparência que de realidade – de um Papa Montini mais inclinado à austeridade e ao bloqueio dos sentimentos, quase a certa angústia vital, que à exuberância afetiva. Porém havia ocasiões em que ele sabia vibrar, como no momento em que na radiomensagem de Natal de 1970 deu a boa notícia do prêmio com estas palavras:

> Termino com uma palavra, referida à atribuição do Prêmio da Paz, que traz o nome de meu predecessor, o Papa João XXIII. É a primeira vez que é concedido. Após longas consultas e reflexões por parte do júri, ele foi outorgado a uma religiosa muito simples e silenciosa, mas nada desconhecida pelos que observam os arrojos da caridade no mundo dos Pobres: chama-se Madre Teresa, fundadora da Congregação das Missionárias da Caridade, que já há vinte anos vem desenvolvendo, pelos caminhos da Índia, uma maravilhosa missão de amor a favor de hansenianos, anciãos e crianças abandonadas. Esse prêmio quer ser um reconhecimento público do seu apostolado de caridade que, longe de se restringir aos deserdados da Índia, já se estende, neste momento, a três continentes, após ter atingido a própria periferia de Roma, com a mobilização de um imenso exército de forças vivas a serviço do mundo do sofrimento. Propomos à admiração de todos essa intrépida mensageira do amor de Cristo, para que, por seu exemplo, cresça o número de quantos se entregam por seus irmãos e se afirme cada vez mais no mundo o senso da solidariedade e da fraternidade humana.

O Papa Bom e a Santa dos Pobres

Que cada um pense como Deus melhor lhe dê a entender. Quanto a mim, confesso sentir uma emoção particular ao ver unidos, mesmo que seja por um simples prêmio, os nomes de quem considero – e é certo que não sou o único – dois santos dentre os maiores e mais emblemáticos e universais do século XX! Ainda me lembro bem deles – pois um vi de perto e com a outra tratei várias vezes pessoalmente –, por isso digo que não se assemelham física, nem caracteristicamente: gorducho e aparentemente mais tranquilo, Ângelo Roncalli; esguia e mais dinâmica, Gonxha-Teresa Bojaxhiu.

Também foram diversas suas respectivas contingências eclesiástico-profissionais: Ângelo Roncalli – João XXIII, clérigo, bispo, visitador, delegado, núncio apostólico, administrando com simplicidade os interesses do Vaticano com altos representantes da diplomacia política, patriarca de Veneza, cardeal e sumo pontífice; Gonxha Bojaxhiu – Teresa de Calcutá, humilde religiosa, simples igualmente, apenas circunstancialmente relacionada com pessoas importantes e em exclusivo benefício dos Pobres mais pobres da terra.

Aproximadamente vinte anos mais nova que Ângelo, não foi essa a contingência que mais dificultou qualquer possibilidade de encontro em suas respectivas trajetórias. Foi a Providência que dispôs que cada um tivesse algum campo de trabalho diverso e absorvente, com plena e intensa dedicação, mas, isso sim, os dois com a mesma referência transcendente em suas vidas.

Houve apenas uma circunstância, ocorrida na primeira semana de novembro de 1960, em que estiveram geograficamente muito próximos um do outro: a religiosa albanesa-indiana foi uma das poucas pessoas que assistiram, na Capela Sistina, a uma missa semiprivada celebrada por quem, havia dois anos, era Papa. A feliz conjuntura foi desejada e propiciada por Eileen, que entrou em contato com Roma e Nova York com o objetivo de conseguir duas permissões especiais, uma para Madre Teresa e outra para ela mesma, para poderem assistir à missa do Santo Padre. A feliz conquista permitiu que a religiosa recebesse a Eucaristia das mãos do Papa e que acolhesse com o mais devoto sinal da cruz a bênção que João XXIII, no final da missa, deu às poucas pessoas presentes.

Após essa ocasião, eles nunca mais se encontraram. Mas significativamente as pessoas deste mundo – não só os católico-romanos, mas também muitos não crentes –, no momento de estabelecer hierarquias, tácitas ou explícitas, sobre os dois santos mais santos do século XX, têm poucas dúvidas de que sejam os dois: o Papa Bom e a Mãe dos Pobres...

Outros prêmios

A lista de prêmios e até mesmo de doutorados honoríficos – ela os recebeu em Teologia (pela Universidade de Cambridge), em Medicina (pela Universidade Gemelli, de Roma), e outros dos quais não me recordo (pelas Universidades de Paris e de Bolonha) – seria longa.

Na Índia, foram vários. Em 1963, foi-lhe concedido um, cujo nome soa um tanto estranho para nós: Padna Shri (ao que parece, é a mais alta premiação do país). Em sua pátria de adoção, igualmente, o Prêmio Nehru, motivado pela "compreensão internacional".

Nas Filipinas, foi-lhe outorgado o Prêmio Magsaysay, em memória de um presidente do país chamado Ramón Magsaysay. Ele lhe foi concedido por um júri composto de integrantes de vários países asiáticos, que a proclamou "a mulher mais benemérita da

Ásia". O prêmio trazia uma dotação de 50 mil rúpias, exatamente a quantia de que ela necessitava naquele momento para construir um orfanato. Nos Estados Unidos, foi contemplada com o Prêmio Bom Samaritano. E o da fundação Kennedy, em 1971, dotado com 30 mil dólares (em valores da época).

Na Inglaterra, ela recebeu o Prêmio Templeton, entregue pessoalmente pela rainha Elizabeth II, o qual foi motivado *For progress in Religion*, que poderia ser traduzido por "à qualidade do testemunho religioso". Concedido pela primeira vez em 1973, sua dotação foi de 34 mil libras esterlinas, também em valores da época. Da mesma forma que o prêmio, o júri também foi interconfessional, o qual foi composto de representantes do metodismo, anglicanismo, presbiterianismo, hinduísmo, islamismo, budismo e... uma católica, a holandesa Margaretha Klompe. Esse prêmio – como mais alguns que vieram e ainda viriam para Madre Teresa – estava sendo concedido pela primeira vez. Pelo visto, as candidaturas "rivais" propostas haviam sido duas mil.

A incumbência da entrega do prêmio, ocorrida na sede municipal de Londres, coube ao príncipe Philip, duque de Edimburgo, que, em um discurso bem elaborado, expôs suas ideias desta maneira:

> À primeira vista, a ideia de que um prêmio possa ter algo a ver com a religião não deixa de parecer absurda. Geralmente, os prêmios são concedidos para estimular um esforço ou para apontar uma conquista de destaque. O prêmio costuma ser, em geral, algo para o qual se estabelece certa competitividade. Se além disso se trata de um prêmio por motivações religiosas, o mais certo é que os únicos merecedores de recebê-lo sejam os que nada fizeram para obtê-lo. Não me passa pela cabeça a possibilidade de que haja alguém friamente decidido a realizar algo de natureza religiosa com o objetivo de obter um prêmio. Em todo caso, pode o júri mais digno e equânime concluir que

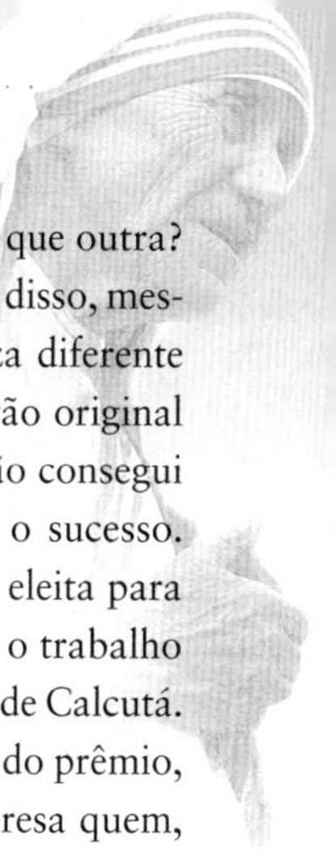

uma pessoa desenvolveu a obra de Deus melhor do que outra? Confesso honradamente minha perplexidade diante disso, mesmo convencido de que este prêmio seja de natureza diferente dos outros. Inteirei-me das intenções de iniciativa tão original e depositei minha melhor confiança no júri, mas não consegui eliminar inteiramente as minhas hesitações sobre o sucesso. Depois circularam notícias sobre o nome da pessoa eleita para receber o prêmio, acompanhadas de detalhes sobre o trabalho de Madre Teresa, especialmente entre os mais Pobres de Calcutá. Estou convencido de que o sr. Templeton, promotor do prêmio, me acudirá se digo isso, mas é realmente Madre Teresa quem, com sua conduta, confere ao prêmio o enfoque de que este necessitava. Em circunstâncias como a presente, o óbvio costuma ser congratular-se com o premiado, mas me parece que não é o caso de fazê-lo precisamente neste momento. O que aqui e agora podemos fazer é manifestar todo o nosso apreço pela obra de Madre Teresa e agradecer ao júri por ter feito convergir sobre essa obra nossa atenção. Tanto o sr. Templeton como o júri podem dar-se por muito felizes com o fato de Madre Teresa ter aceito o prêmio.

O prêmio mais famoso: o Nobel da Paz de 1979

Ainda com relação a prêmios recebidos pela religiosa, é imprescindível a menção do mais importante de todos, cuja consequência foi catapultar a popularidade da já então conhecidíssima e respeitadíssima, admirada e universalmente querida Madre Teresa de Calcutá.

A partir de 1975, o nome da religiosa albanesa-indiana havia começado a figurar entre os propostos por diversas personalidades e instituições para receber o Nobel da Paz. Mas teve-se a impressão, por alguns anos, de que o júri centrou sua atenção em instituições e personagens que, talvez em alguns casos, não contassem com o respaldo da admiração de um grande número de pessoas. Foram anos em que o Nobel da Paz transmitiu a impressão de destacar a atuação de políticos, em alguns casos discutíveis e, em todos, obrigados por situação e *status* a promover a paz. Anos em que – sem pretensão de ser exaustivo – o prêmio foi conferido, de maneira aparentemente errônea, ao primeiro-ministro da República Federal Alemã, Willy Brandt (1971); ao secretário de Estado dos Estados Unidos da América, Henry Kissinger, e ao primeiro-ministro do Vietnã do Norte, Le Duc Tho (que, vale mencionar, se recusou a aceitá-lo) (1973); à Organização Anistia Internacional (1977); a Anwar Sadat, presidente do Egito, e a Menahem Begin, primeiro-ministro de Israel (1978), entre outros.

Após anos de atribuições que despertaram críticas relativamente generalizadas, o júri do Nobel da Paz optou pela recuperação de um nome descartado em outras ocasiões. Pela primeira vez em sua história, o máximo galardão recaiu em uma religiosa católica e em sua obra: Madre Teresa. Não porque fosse católica nem religiosa, e sim por ser... determinado tipo de religiosa, independentemente de ser ou não católica.

Havia alguns anos que o nome e a imagem de Madre Teresa possuíam uma posição de destaque nas primeiras páginas de jornais e de capas de revistas de prestígio – como, por exemplo em dezembro de 1975, na revista norte-americana Time –, mas, ao difundir-se a notícia da concessão do Nobel da Paz, seu nome encabeçou a informação nos mais importantes jornais e revistas, bem como nos noticiários de rádio e TV de todos os países. E não deixou de ser um fato importante por toda parte aonde ia. Mas sua autêntica humildade e autodomínio a auxiliaram em todos os momentos a se mover com excepcional fé e naturalidade. Ambas lhe faziam dizer que pedia que Deus lhe esvaziasse um pouco o "purgatório" a cada sessão fotográfica ou entrevista a que era submetida.

O montante para os Pobres

Vale registrar que, mesmo após o recebimento do Prêmio Nobel, Madre Teresa não demonstrou se sentir mais importante nem feliz. Esse fato contribuiu para fazê-la aparecer mais humilde que nunca e proclamou-se indigna dessa distinção; no entanto, aceitou-a de modo sereno em nome e em favor dos Pobres. De certo modo, que não poderia ser mais que uma maneira simbólica e virtual, levou todos os Pobres a Oslo quando, no dia 10 de dezembro, foi à capital norueguesa para receber seu galardão.

Foi tão forte a presença dos Pobres na ocasião da entrega do prêmio que se tornaram os protagonistas do discurso pronunciado por ela naquele evento tão incomum. O que, certamente, se dirigiu integralmente a eles foi, se não a placa e o pergaminho descritivos, todo o dinheiro acarretado pela premiação.

Naquele ano não houve banquete

Em qualquer outro caso, pareceria improcedente mesclar as razões, isto é, os méritos morais e humanos da atribuição de um prêmio com sua concretização econômica. Confesso ter lido pelo menos uma dezena de vezes sobre o montante do Nobel da Paz de 1979. Muitas vezes, algumas informações me passaram despercebidas; o que não esqueci foi onde li a esse respeito, o qual transmito ao papel.

Segundo uma fonte inglesa, o cheque anexo ao prêmio foi de 90 mil libras esterlinas. Também lhe foi oferecida pelos jovens noruegueses uma doação de 36 mil libras esterlinas, coletada entre eles e batizada como Nobel do Povo. Além disso, houve uma doação adicional de três mil libras esterlinas pelo fato de os organizadores terem aceitado a sugestão da galardoada de renunciar ao banquete previsto e destinar essa parte poupada aos Pobres. O total foi de 129 mil libras esterlinas. Se não me equivoco, pois a matemática não é o meu forte, atualmente a quantia giraria em torno de 200 mil euros.

Tradicionalmente a entrega do prêmio é seguida por um banquete, do qual participam, além dos altos representantes da corte real da Noruega, o júri, o premiado, seus convidados e os da Organização, bem como os ganhadores do prêmio em edições anteriores. A Organização não previra a mudança da situação na edição 1979, em razão de a agraciada ser uma religiosa católica. Quem abriu a exceção foi a própria premiada. Deus sabe que não foi por afã de singularizar-se, nem para evitar o constrangimento de ter de compartilhar mesa e toalha com um público tão distinto, menos ainda para estragar a festa, mas sim pela simples consideração pelos Pobres, dos quais se sentia a humilde representante. Contudo, Madre Teresa propôs uma solução diferente: a renúncia ao banquete, com a doação do dinheiro poupado aos Pobres.

Madre Teresa recebeu muitos prêmios, os quais embora em muitos casos fossem famosos por sua história, ficaram mais conhecidos após sua outorga a ela. Na ocasião da entrega de um deles (o enésimo), um jornalista questionou a religiosa sobre sua opinião por ser agraciada com tantos prêmios. Ela lhe respondeu:

> Minha impressão é sempre a mesma: de que não os mereço, mas os aceito de boa vontade, não só para corresponder à gentileza dos que os concedem a mim, como também, e de maneira especial, pensando na utilidade de tais prêmios para os nossos Pobres e hansenianos. Além disso, sempre tenho a impressão de que esses prêmios contribuem para estimular a sensibilidade das pessoas pelo trabalho que as Missionárias da Caridade realizam em favor dos mais Pobres entre os pobres.

A realidade como espetáculo

De acordo com várias pessoas, em relação ao Nobel da Paz, o que menos importava era o valor econômico. O mais importante foi a complacência geral suscitada por ter comprovado que um trabalho tão desinteressado e favorável aos mais necessitados havia recebido esse reconhecimento público.

Por sua vez, Madre Teresa estava consciente de não ser – embora na realidade fosse considerada dessa maneira pelo júri do prêmio e pela opinião pública mundial – a destinatária e menos ainda merecedora única desse reconhecimento. As circunstâncias a destacavam de modo legítimo, mas ela nunca exteriorizou o menor prazer com isso. Antes, proclamava de modo convicto seu agradecimento pela ajuda de tantas pessoas e organizações que se punham a serviço dos Pobres, cuja tarefa era realizada por suas Irmãs e por ela mesma.

Quando, por ocasião da reportagem de Malcolm Muggeridge para a BBC, aceitou o argumento do arcebispo de Westminster de que o documentário seria muito benéfico aos telespectadores e concordou em aparecer diante das câmeras, ela pediu que os técnicos e o diretor não se limitassem somente a captar seu trabalho, mas também – e especialmente – o das Irmãs.

É preciso esclarecer que a "atuação" de Madre Teresa não foi, absolutamente, a de uma profissional do cinema ou da TV, disposta a repetir, de má ou pior vontade, uma cena ou sequência inúmeras vezes, enquanto não satisfizesse o capricho do diretor. Costuma tratar-se de uma ficção, relativamente artística segundo as circunstâncias. Nesse caso, foi real e autêntica. Elas apareceram rezando, quando na realidade rezavam. Jamais ela teria fingido algo em função do mero espetáculo, por mais digno que este fosse. Elas apareceram acariciando e curando os enfermos e moribundos que realmente estavam dessa maneira, e que foram, como aparecia na cena filmada, realmente curados e acariciados. Tanto a Madre como suas filhas se esqueceram de que estavam sendo filmadas; por outro lado, isso garantiu a máxima autenticidade ao trabalho do jornalista e sua equipe.

As Irmãs Inês e Gertrudes

A consciência de compartilhar da mesma obra e espírito com suas Irmãs era tão intensa em Madre Teresa que foi ela mesma quem, sem nenhum interesse bajulador, mais ressaltou isso. Em dezembro de 1979, quando foi a Oslo para receber o Nobel da Paz, quis como acompanhantes suas duas primeiras seguidoras, Irmãs Inês e Gertrudes, as quais permaneceram sempre próximas da Madre fundadora, na casa-mãe de Calcutá.

Irmã Inês era a aluna Subashini Das, sua primeira discípula. Por sua vez, Irmã Gertrudes era – cujo fato não foi citado no momento oportuno – Margaret Mary, filha de Michael Gomes, que proporcionou a primeira residência às Missionárias da Caridade, aquela onde nasceu a Congregação. Certamente que, para unir-se ao grupo das religiosas, bastou que a jovem subisse os degraus da escada que levava ao andar superior da casa de seus pais. A família Gomes ainda proporcionou às Missionárias da Caridade mais uma vocação: uma sobrinha de Michael, falecida antes de professar e que foi interceder no céu – de acordo com a interpretação da Madre fundadora e de suas companheiras – por suas Irmãs e pelos Pobres.

Generoso donativo de um Pobre

Madre Teresa narrou que, certa noite na época da concessão do Nobel da Paz quando as Irmãs já se haviam retirado, soou a campainha de sua casa de Calcutá. Então ela desceu para abrir a porta.

Ao atendê-la, percebeu que era um mendigo que, excepcionalmente, não vinha pedir esmola. Quando viu diante de si a própria Madre Teresa, ele lhe disse: "Madre, ouço dizer por toda parte que lhe concederam um grande prêmio. Eu também gostaria de lhe oferecer algo. E propus-me a dar-lhe toda a minha coleta do dia. Aceite, por favor". Na realidade, de acordo com as palavras da religiosa, a coleta do dia havia sido pequena, cujo fato era lamentado pelo mendigo. Porém, ele a ofereceu por inteiro. Ela reconheceu ter hesitado antes de aceitar a generosidade, ao prever que naquele dia o Pobre não se alimentaria. No entanto, decidiu aceitar a doação convencida de que, se não o fizesse, ele se sentiria humilhado. Além disso, revelou algo mais paradoxal: aquela doação a havia comovido mais que o Nobel da Paz. Por alguns dias, fez algo que não consta que tivesse feito com o montante recebido com o Nobel nem com o diploma acreditador: colocou à vista, sobre sua mesa de trabalho, as moedas que o Pobre havia lhe dado, como mais que evidente sinal de apreço.

O mendigo que lhe pagou uma passagem de bonde

Madre Teresa estava mais atenta em destacar o conteúdo exemplar, quase parabólico, dos fatos e anedotas que contava de maneira cronológica.

Entre os milhares de episódios e anedotas, houve alguns que se destacaram. Como exemplo, está o seguinte relato, que narrava de boa vontade como elogio aos Pobres. Segundo afirmava convictamente, eles eram maravilhosos.

Como fazia com frequência, certa vez pegou um bonde, por ser um meio de transporte confortável e rápido. (O outro meio alternativo era o que popularmente se dizia de São Fernando de

Castela: um pouquinho a pé e outro pouquinho andando.) Então ouviu alguém perguntar: "A senhora não é Madre Teresa?". Ela respondeu afirmativamente. O interlocutor continuou: "Ouvi falar tanto da senhora!... Dizem que é a pessoa mais generosa do mundo com os Pobres. Permita-me lhe manifestar minha gratidão com o pagamento de sua passagem".

Ao ver como se vestia e por outros sinais inequívocos, ela percebeu que ele era muito pobre. Afirmou também que, precisamente por constatar esse fato, sentiu mais forte o desejo de agradecer-lhe com o pedido de que se abstivesse de pagar sua passagem. Mas também notou que, se recusasse aquele gesto de generosidade, talvez humilhasse seu benfeitor. Por isso aceitou. Então ele tirou do bolso um lenço com o qual envolvia os poucos trocados, apenas o suficiente para pagar a passagem de Madre Teresa, que lhe agradeceu de todo o coração.

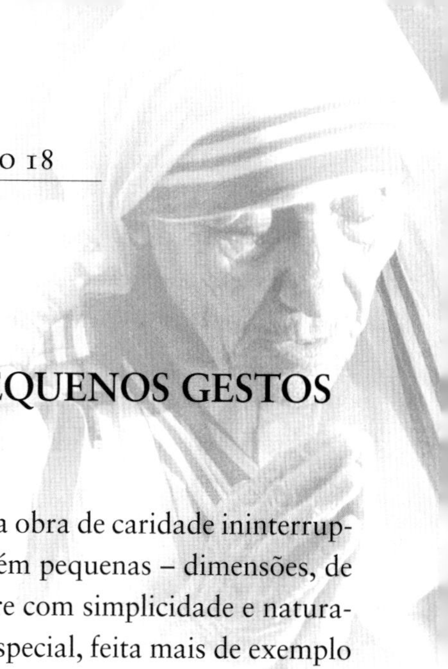

Capítulo 18

A CARIDADE DOS PEQUENOS GESTOS

A vida de Madre Teresa foi uma obra de caridade ininterrupta. Caridade de grandes – e também pequenas – dimensões, de alcance universal, realizada sempre com simplicidade e naturalidade. Em sua pedagogia muito especial, feita mais de exemplo pessoal que de palavras, ela dava mostras de estimar e encarecer os gestos de caridade, não por suas dimensões, mas sim pelo amor que os inspirava. De acordo com suas palavras, "O importante não é o que damos, mas sim com quanto amor o fazemos". E recomendava às suas religiosas e aos colaboradores de sua obra que ficassem disponíveis para cumprir, em benefício dos Pobres, as pequenas coisas e atos que muitos negligenciam ou desprezam.

A religiosa louvava gestos aparentemente corriqueiros como ouvir particularmente os idosos que desejam poder falar com alguém, embora muitas vezes seus relatos sejam considerados desinteressantes para a maioria. A Madre afirmava que se tratava de fatos importantes para eles, pois faziam parte de suas vidas e que, por isso, eles agradeciam por poder partilhá-los com alguém. Recomendava gestos pequenos e simples, como auxiliar alguém que se movimenta com dificuldade – ou que não pode se locomover – a atravessar a rua com o sinal verde para os pedestres, ler para um deficiente visual ou escrever uma carta por ela ou para ela.

Entre seus relatos, um fato que a impressionou profundamente foi a felicidade de um Pobre acolhido em um dos lares das Missionárias da Caridade, carente de parentes e de afetos, a quem um amável colaborador teve a delicadeza de enviar um cartão para cumprimentá-lo pelo aniversário. Ele o recebeu com tanta gratidão que o mostrava orgulhosamente aos companheiros, como se fosse o mais precioso troféu.

Madre Teresa relatou centenas de vezes o episódio protagonizado por um menino de tenra idade, o qual considerou uma lição de generosidade. Em um momento de penúria, ouviu dizer que a Madre não tinha açúcar para as crianças do Nirmala Shishu Bhavan, de Calcutá. Por três dias, ele renunciou ao açúcar com que sua mãe adoçava o leite no café da manhã. Depois disso, pediu a ela que o levasse ao asilo para entregar o açúcar poupado à religiosa. Madre Teresa esclarecia que se tratava de um menino que mal sabia balbuciar o próprio nome, mas sempre destacou o valor de seu gesto em benefício das outras crianças...

Um desenvolvimento espetacular

Na ocasião do falecimento de Madre Teresa, ocorrido em 5 de setembro de 1997, foi publicado que o número total das Missionárias da Caridade era de aproximadamente quatro mil, e que os centros atendidos por elas estavam em torno de 500 em mais de uma centena de países. Para o leitor que deseja maior precisão de dados, há uma circular da sucessora da Madre, Irmã Nirmala, datada de novembro de 1997, na qual ela afirma:

> Desejo compartilhar com vocês uma informação. Certamente lhes agradará saber que [em março de 1997] Jesus nos obsequiou, no total, com 292 postulantes e 466 noviças. Nesse momento, o número de Irmãs professas é de 3.803. Apesar do débil estado de saúde da Madre [Teresa], no ano passado foram abertos

18 novos tabernáculos em 14 países, com o que se atingiu o número de 585 casas em 120 países.

Ao levar-se em consideração que, naquele momento, a Congregação ainda não havia atingido meio século de existência, é claro que o desenvolvimento foi espetacular, ainda mais com a crise generalizada de vocações e a austeridade de vida das Missionárias da Caridade.

Madre Teresa registrava o dado sem qualquer vaidade. Antes, via nele uma responsabilidade pessoal e de suas filhas e uma razão para agradecer ao céu. Ela afirmava: "Deus nos manda muitas vocações. Sinal evidente de que quer que nos esmeremos em seu serviço e abramos novos centros para os Pobres".

Exemplo convincente

Ao analisar-se o ritmo crescente das Missionárias da Caridade e também do restante da Família das Missionárias da Caridade, inclusive os colaboradores, constata-se uma gradualidade racional. As Irmãs tardaram mais em ser cem que quatrocentas. Como tardaram mais em ser mil que mil e quinhentas. Ou duas mil e quinhentas que cinco mil, como se contavam em 2008...

À medida que aumentaram as fundações, e por isso foram mais bem conhecidas na exemplaridade – e rigor! – de suas vidas, aumentou o número de solicitações por parte de jovens desejosas de ingressar na Congregação das Missionárias da Caridade. Nesse mesmo período, outras congregações começaram a recorrer – ou continuaram recorrendo – a "promotores" vocacionais, membros da congregação, com suposta capacidade de persuasão, que se dedicavam a animar adolescentes e jovens para a consagração a Deus em seus institutos.

Em diversos países, especialmente os Estados Unidos (poucas tendências americanas, até religiosas, deixam, antes ou depois, de ser copiadas em sua ampla área de influência), recorriam-se a anúncios em publicações religiosas para ressaltar a suposta excelência das respectivas congregações, femininas e masculinas, com o objetivo de despertar, em potenciais candidatos, o desejo de ingressar nelas. É de supor que os "auditores" e chefes de *marketing* desses institutos disponham de dados confiáveis para julgar se esses métodos foram e continuam sendo... rentáveis. O certo é que, a julgar pelas aparências... mas, como se sabe, as aparências enganam.

O método de Madre Teresa nunca foi esse. Antes de tudo, porque nunca necessitou disso, e principalmente porque, por indícios mais que confiáveis, nem mesmo no caso de total penúria vocacional teria recorrido a esses subterfúgios. Não somente pela vontade de agir de maneira diferente, mas simplesmente porque sua leitura do Evangelho e sua fé não a conduziam por esse caminho. O que é constatação, sem que queira ser crítica intencional contra os que optam por outros métodos que, convém insistir, não parecem ser fecundos.

Como já fizemos alusão a isso, foi necessário que Madre Teresa suportasse as calúnias de proselitismo totalmente infundadas. No entanto, ela estava convencida de que a atração de Deus é mais efeito do testemunho de vida (fundamentalmente, uma graça), fruto de estratégias dialéticas relativamente lúdicas.

O que convenceu, e continua convencendo milhares de jovens a transformar-se em Missionária da Caridade, foi/é ver ou ter notícia confiável do exemplo de entrega a Cristo pelo serviço livre, generoso e de todo o coração aos Pobres de muitas das Irmãs. Em primeiro lugar, pelo exemplo de Madre Teresa.

A vocação das Missionárias da Caridade é radical. A religiosa estava convencida – cabe pensar que tivesse provas disso – do desprezo da juventude por meias medidas. Ela dizia que os jovens da atualidade são imparciais. No estilo parabólico que nela era costumeiro, referia-se à decepção de uma jovem que, para fazer-se religiosa, "experimentou" uma instituição relativamente tradicional e terminou desapontada. Porque, praticamente, nela encontrou as mesmas comodidades que havia no seio da própria família, por isso não teria de renunciar a nada.

O método posto em vigor por Madre Teresa e consolidado entre as Missionárias da Caridade foi, continua e cabe supor que continuará sendo muito simples: não convidar ninguém nem fazer a menor "violência afetiva" a candidatas potenciais, mas manter-se fiel em seguir as exigências da própria vocação e deixar tudo nas mãos de Deus.

No final das contas, o Senhor faz brotar as vocações e despertou em milhares de jovens, e com frequência já não tão jovens... na idade!, o desejo de consagrar-se a ele em uma vida de serviço generoso, gratuito e eterno aos mais Pobres entre os pobres.

Capítulo 19

"O MAIS DURO NÃO É O TRABALHO"

Ninguém pense que o trabalho realizado, por ser duro, é o mais difícil e árduo na vida das Missionárias da Caridade. Nem sequer o é a austeridade de suas vidas: levantar-se muito cedo, dedicar um par de horas, ao menos, à oração formal e continuar entremeando de orações o restante do dia; conduzir-se com amorosa delicadeza e paciência no serviço dos Pobres, sem parcialidade, vencendo, às vezes, as mais que naturais repugnâncias; comer com eles e ser, por livre escolha, pobres como eles. De acordo com uma Irmã Missionária da Caridade:

> O mais duro é praticar a obediência, que faz você estar disposta, em menos de 24 horas, a aceitar como destino um país remoto, do qual você não conhece a língua, os costumes, nem, às vezes, a própria existência; aceitar o deslocamento por obediência e fazer, por obediência, cada uma das coisas, atraentes ou difíceis, que lhe sejam ordenadas. Sem uma grande humildade, sem um forte autodomínio e sem um grande amor a Deus, uma vida assim seria insuportável.

De fato, existem algumas pessoas que não suportam a obediência. Aceitam-na, a princípio até mesmo com entusiasmo e boa vontade, e seguem-na por vários anos. Porém, nem todas as jovens que passam pelo noviciado, fazem os primeiros votos e os renovam por dois ou três anos perseveram até a fase definitiva da emissão dos votos perpétuos.

Porém, de acordo com Madre Teresa, eram muito poucas as que desistiam. Entre elas, certo número o fazia por pressão de seus pais. Porque existem muitos familiares que não aceitam que suas filhas, irmãs ou sobrinhas abracem uma vida tão realmente dura, não se conformam com sua opção de ingressar em uma Congregação que não possui bens externos – colégios, hospitais... –, que a muitos dão uma aparência de segurança para viver. Como os Pobres atendidos, que vivam da generosidade de uma Providência na qual nem todos creem, embora as Missionárias da Caridade o façam, porque têm provas tangíveis de sua generosidade.

A multiplicação das lentilhas

Somos incrédulos, ou cremos muito pouco em milagres. No entanto, é recomendável que nos rendamos a certa evidência ao observarmos a "vicissitude" de Madre Teresa, de que se cumpre o "Buscai em primeiro lugar o Reino de Deus e a sua justiça, e todas essas coisas vos serão dadas por acréscimo" (Mt 6,33). Ao pensarmos nos milhares de Pobres que alimenta diariamente a obra das Missionárias e dos Irmãos Missionários da Caridade, em centenas de centros, somos levados a concordar com a outra testemunha e coprotagonista excepcional destas páginas: Irmão Andrew.

Certa ocasião, aquele ex-jesuíta exemplar, mais tarde cofundador dos Irmãos Missionários da Caridade, repleto de bom senso e nada "milagreiro", raciocinou comigo sobre o fato de que o milagre evangélico da multiplicação dos pães e dos peixes (Mt 14,16-21) se cumpre, pelo menos, 365 (nos anos bissextos, 366) vezes ao ano. Mais ainda: visto que talvez o contexto ambiental não seja o da Palestina do ano 30-33 d.C., os elementos do cardápio que se multiplicam costumam ser mais que alguns pães e algumas sardinhas...

Jovens estudantes de coragem, que respondam ao chamado íntimo de Deus, decidem integrar uma Congregação que somente por razões especiais e raramente lhes permite visitar seus pais ou irmãos e escrever-lhes apenas uma vez por mês. De comunidades que desconhecem – para uso interno – a TV e o rádio, o ar-condicionado ou o aquecedor, a geladeira ou máquina de lavar roupas.

Ao ser questionada sobre as relações das Missionárias da Caridade com suas famílias, Madre Teresa respondeu:

> Uma vez que nos consagramos ao serviço deles, os Pobres se transformam em nossa família. É claro que não renegamos os vínculos sanguíneos com nossas famílias biológicas, mas os contatos ficam muito limitados. Vamos para casa apenas em circunstâncias extraordinárias, como, por exemplo, antes de deixar a pátria de origem para uma missão no exterior. Excetuadas essas circunstâncias, não podemos fazê-lo. Em primeiro lugar, por uma razão de pobreza, pois não temos dinheiro para gastar em viagens. Em segundo, por uma razão ainda mais urgente: nenhuma de nós pode abandonar seu posto de assistência e de plantão ao lado dos enfermos, moribundos, hansenianos e órfãos que não têm quem cuide deles.

"Geralmente, as pessoas nos amam"

De modo injusto, algumas pessoas censuraram Madre Teresa e sua obra por ser, ou parecer, tolerantes e passivas diante das injustiças testemunhadas por elas próprias. Sem dúvida, merecem grande apreço aqueles líderes, também religiosos, que, com sinceridade – e frequentemente pagando com a própria vida –, se põem do lado dos marginalizados e gritam contra a injustiça. No entanto, é sumamente injusto pensar e mais ainda propagar que as Missionárias da Caridade, ou sua fundadora, sejam cúmplices das injustiças que criam tanta pobreza no mundo, a qual elas mesmas tratam de remediar.

Em uma entrevista para uma rádio, quando foi interrogada a esse respeito, Madre Teresa respondeu da seguinte maneira:

> Os fatos estão à vista de todos. Cabe às grandes organizações procurar os meios e os sistemas capazes de melhorar o nível de vida das massas que padecem injustiça. Nós nos encontramos em contato diário com pessoas marginalizadas e rejeitadas pela sociedade. Nosso esforço primordial consiste em ajudá-las a obter um desenvolvimento essencialmente humano. Nós nos esforçamos para lhes devolver o senso de dignidade que lhes cabe como seres humanos, antes ainda que como filhos do mesmo Pai. Essa é a razão pela qual diferenciamos os que já estão agonizando dos que têm toda a vida pela frente.

Aqui vale perguntar até que ponto a consideração de que Madre Teresa foi objeto se estendia também – e continua se estendendo, agora que ela não está mais entre suas filhas – às Missionárias da Caridade. Houve quem lhe perguntasse se as religiosas se sentiam amadas pelas pessoas. Sua resposta foi a seguinte:

> Geralmente, sim, por mais que, às vezes, a própria necessidade extrema em que os Pobres vivem os impeça de ver com serenidade nosso desinteresse. Notam que vivemos entre eles e como eles, e isso eles consideram muito. Porém, às vezes nem tudo é sereno. Ocorrem ataques de ciúmes ou de impaciência quando não lhe podemos proporcionar algo que pretendem ou de que têm extrema necessidade. Isso também ocorre quando alguns veem que damos a outros, cujas necessidades são maiores, coisas que também eles desejam. Nesses momentos, estamos conscien-

tes de que é inútil argumentar; então deixamos para fazê-lo em outro momento. O melhor é esperar que se acalmem. Quando recuperam a calma, quase sempre mudam de atitude.

"Vinde e vede"

Nem Madre Teresa, nos primeiros tempos da Congregação, nem suas filhas, após seu falecimento, tomaram nem tomam a iniciativa de convidar nenhuma jovem para se fazer Missionária da Caridade. Antes, sempre seguiram o exemplo da Fundadora, que – de acordo com o conteúdo do livro –, ao saber que elas queriam segui-la, convidou suas alunas a pensar bem e rezar antes de empreender uma vida que seria difícil. Além disso, Madre Teresa deixava a iniciativa a Deus, que suscita as vocações e lhes dá a graça da perseverança.

Nem Madre Teresa nem suas filhas tinham nem nunca tiveram por costume permitir que alguém adotasse impulsivamente a vida de Missionária da Caridade. Seu desejo é que as pessoas que queiram incorporar-se à vida da Congregação o façam convictas e intimamente motivadas.

No Evangelho de João (1,37-39), faz-se alusão a dois discípulos que "ouviram esta declaração de João e passaram a seguir Jesus. Este se voltou para trás e, vendo que eles o seguiam, perguntou-lhes: 'Que procurais?'. Eles responderam: 'Rabi (que quer dizer Mestre), onde moras?'. Ele respondeu: 'Vinde e vede!'" (em inglês, *come and see*). Com esse exemplo, as jovens que solicitam a admissão à Congregação das Missionárias da Caridade recebem a denominação de *come-and-sees* (cuja pronúncia é *comansis*), resultante das formas verbais substantivadas que formam uma corruptela.

Antes de tudo, existe uma idade mínima rigorosa para que uma jovem seja admitida à prova: 18 anos. Quem deseja ser

Missionária da Caridade é convidada a compartilhar, por duas semanas, a vida das Irmãs já professas. Além disso, terá de levantar-se à mesma hora, fazer as mesmas orações, compartilhar das mesmas tarefas de serviço aos Pobres e partilhar do mesmo alimento, que não é outro senão o dos próprios Pobres...

Em 15 dias, as Irmãs avaliam as probabilidades de adaptação da candidata à vida que deseja abraçar. Por sua vez, ela também tem a oportunidade de se conscientizar se o desejo é sério e bem fundamentado ou se é alguma veleidade fadada a desaparecer tão logo a prova comece. Esse prazo de experiência costuma dar bons resultados.

Entre as candidatas, existem as que se confirmam ainda mais na seriedade de seus desejos. No entanto, também há as que não tardam em perceber que não são talhadas para esse tipo de vida. Nesse caso, ocorre o esperado: algumas voltam para casa resolvidas a solicitar formalmente a admissão como aspirantes a Missionárias da Caridade; outras também voltam, às vezes antes de ter transcorrido os 15 dias, convencidas de que esse estilo de vida não lhes é adequado. E vice-versa...

Capítulo 20

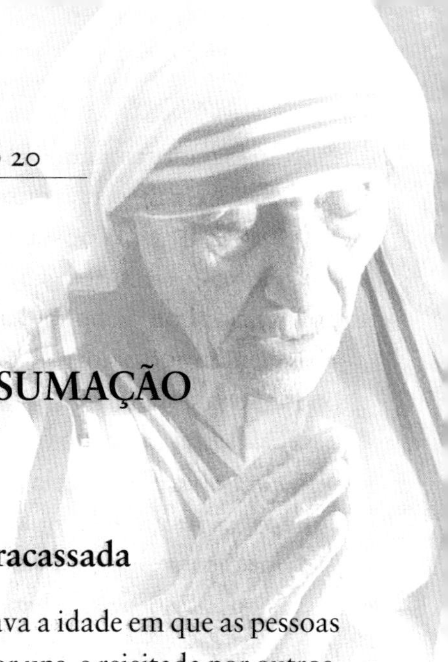

RUMO À CONSUMAÇÃO

A boa saúde de uma turista fracassada

Em certa ocasião – quando beirava a idade em que as pessoas obtêm a aposentadoria, desejada por uns, e rejeitada por outros, como este autor, embora quando isso ocorre acabem apreciando a nova situação –, a própria Madre Teresa havia reconhecido, sem presunção e com sincera simplicidade, que devia agradecer a Deus pelo dom de uma boa saúde. Naquela circunstância, ela não o revelou, mas dizemos nós, que queremos fazer justiça à "sua" história: exceto em poucos casos, uma relativamente boa saúde como a dela foi utilizada em benefício de muitos. Dos mais necessitados, especialmente.

Ela continuou desfrutando uma saúde relativamente boa até os 70 anos. Porém esse estado era quase paradoxal em razão dos riscos de desgaste com sua superatividade e da falta de cuidados pessoais.

Ninguém pense que em suas visitas às casas encontrasse comodidades, nem menos ainda que lhe apetecesse ou buscasse. Ela chegava e, às tarefas de escutar e transmitir ânimo, parecia acrescentar uma vontade de se destacar nas ocupações mais humildes de Irmãs mais jovens e fisicamente mais robustas que ela.

Não fazia turismo, nem sequer religioso. Creio não estar enganado ao afirmar que, quase ex-cep-cio-nal-men-te, esteve em Fátima. Foi em uma ocasião em que visitava suas filhas de Setúbal. Alguém a convenceu de que a Cova da Iria* estava mais perto do que realmente estava, diante de sua... pressa, senão estresse.

Pelo fato de ser quase testemunha, eu sei que na Espanha, onde esteve seis ou sete vezes, todas em Madri e uma vez em Barcelona, ela nunca foi ao Escorial, a Montserrat, nem a Pilar ou a Ávila, local aonde ela teria gostado de ir em razão de Santa Teresa e onde mais de uma vez acompanhei as Missionárias da Caridade que residiam ou estavam de passagem por Madri.

Sei que – ou pelo menos acredito – na Itália, onde esteve tantas vezes – em Roma –, ela nunca encontrou tempo para ir à Madonna di Pompei,** próxima a Nápoles, nem à do Divino Amore,*** perto de Roma. Também não foi a Loreto, nem a Assis, é claro, dada sua devoção/admiração por São Francisco. (Ou a Assis sim, espiritualmente "instigada" por João Paulo II, para unir-se às orações ecumênicas pela paz?)

De acordo com relatos de Padre Georges Gorrée, que a acompanhou e a apoiou muito em suas fundações entre os Pirineus e os Alpes, na França Madre Teresa encontrou quem, com o empréstimo do nome, havia lhe proporcionado o modelo: Santa Teresinha do Menino Jesus. Especialmente em Paris, *carrefour*-encruzilhada de meio mundo, ela esteve uma dúzia de vezes, de passagem, mas também como breve "destino de trabalho".

---

* Gruta de Fátima, Portugal, onde se localiza o Santuário de Nossa Senhora de Fátima. (N.R.)

** Santuario della Madonna di Pompei: Santuário de Nossa Senhora de Pompeia. (N.R.)

*** Santuario della Madonna del Divino Amore: Santuário de Nossa Senhora do Divino Amor. (N.R.)

Padre Gorrée me relatou que ela lhe havia manifestado um desejo impossível: de alguma vez poder dispor de meio dia livre para visitar três lugares que lhe exerciam uma atração especial: Lourdes, Lisieux e Mont-Martre. Ao relatar-me esse fato, o religioso sorriu da ingenuidade da religiosa, que dessa maneira aproximava as distâncias reais entre os três santuários...

O Nobel não lhe trouxe sorte?

Impõe-se reconduzir o tema de uma saúde reconhecidamente boa na época em que Madre Teresa, que nunca se aposentou e que como poucos permaneceu na luta até o último momento, convencionalmente teria podido se aposentar. A situação mudou por volta da década de 1980, quando ela contava mais de 70 anos.

Embora não fosse mais que um-dizer-para-dizer-algo, poderia ser citado que o Nobel da Paz não lhe trouxe sorte. Aproximadamente cinco anos após a premiação, começaram-lhe os achaques, que não foram somente simples gripes ou resfriados. Foram doenças sérias: de natureza cardiopática, circulatória, traumatológica, infecciosa. Até mesmo problemas oftalmológicos: no verão de 1988, submeteu-se a uma cirurgia de catarata no St. Vincent's Hospital, de Nova York.

Foi por ocasião do Nobel da Paz que sua saúde começou a falhar; na ocasião, sua popularidade era um fenômeno de repercussão universal. Aonde quer que fosse, tivesse ou não estado ali anteriormente, ela se considerava em casa. As pessoas se amontoavam para vê-la e tocá-la, à espera de quase milagres. Os dirigentes políticos, com ilusões parecidas – ou outras –, não desdenhavam de sua presença.

Alguns países onde ela ainda não havia estado lhe abriram suas portas, cientes de que sua presença não incomodava ninguém, de que não comparecia para pedir, e sim para doar-se, ela que, pessoalmente, era totalmente Pobre.

Um dos exemplos mais evidentes de portas até então fechadas que se abriram para ela de par em par foi o da ex-União Soviética. O mundo inteiro havia lhe outorgado prêmios – um dos mais recentes era o da Ordem do Mérito do Reino Unido, entregue em novembro de 1983 pela rainha Elizabeth II. O Comitê Soviético da Paz decretou-lhe a outorga de um prêmio significativo. Convidaram-na oficialmente para que fosse recebê-lo. Isso ocorreu em julho de 1987. As autoridades russas não fizeram isso com malícia, quando estava em cena um muito ocidentalizado Mikhail Gorbachev, nem ela foi mais ingênua que às vezes era. Na ocasião, Madre Teresa apareceu em uma foto com o pergaminho do prêmio na mão; atrás dela, sobre a cabeça, um vistoso retrato de Karl Marx...

Internada em La Jolla (Califórnia), não pôde comparecer a um encontro com Lady Di

Apesar da progressiva piora de seu estado de saúde, ela não abandonou o trabalho, como lhe haviam recomendado diferentes médicos de diversos lugares.

Dispor de uma equipe de especialistas para ocupar-se de sua saúde, como se fosse – por suposição – uma manda-chuva da Commonwealth? Não exatamente. Embora não fosse hipocondríaca – antes, era até descuidada de uma saúde por demais delicada e que para ela não era prioritária –, quando sua saúde falhou, os melhores médicos do posto competiam para dispor seus conhecimentos a serviço de alguém que havia doado sua vida aos demais, especialmente dos mais necessitados.

Em dezembro de 1991, ao visitar suas Irmãs de Tijuana (México), entre as quais havia se propagado uma gripe virulenta, ela também contraiu a doença. Ainda debilitada, trasladou-se a Los Angeles, para inaugurar um centro de Missionárias da Caridade. Precisamente no dia seguinte à noite de Natal, foi diagnosticado que ela contraíra pneumonia bacteriana, à qual se seguiram outras complicações cardiopáticas. Contrariamente a sua vontade, pois queria prosseguir com um vasto programa de trabalho, teve de se deixar internar por três semanas na clínica Scripps, de La Jolla, em San Diego, Califórnia.

Em princípios de fevereiro do ano seguinte, quando estava em Roma, em dias de um frio glacial, teve de ser internada por algumas semanas em uma clínica, em virtude do agravamento de suas cardiopatias – anos atrás, já haviam lhe instalado um marca-passo. Esse fato a obrigou a faltar ao encontro marcado em Calcutá, para os meados do mês, com a princesa Diana, por ocasião de uma visita oficial à metrópole de Bengala. Elas se encontrariam no dia 9 de setembro, em uma das casas das Missionárias da Caridade, em Londres.

Irmã Gertrudes, sua médica particular

Nessa época, seu estado de saúde era tão preocupante – para os outros, mas não excessivamente para ela mesma –, que lhe foi imposta a companhia de uma muito especial médica particular, Irmã Gertrudes, a segunda de suas seguidoras, ex-aluna também de Loreto, que havia concluído o curso de medicina como Missionária da Caridade.

O leitor pode perceber que se trata de episódios sintomáticos de uma saúde em declínio. Como o que ocorreu novamente em Roma, em abril de 1993. Na ocasião, Madre Teresa estava na residência de São Gregório, em Celio. Ao dirigir-se à capela, escorregou e quebrou três costelas. Dessa vez, a internação foi no hospital Gemelli, no mesmo local que João Paulo II se recuperara do atentado cometido por Ali Agca, em 13 de maio de 1981.

Ainda não foi dito – e também não é o caso de furtá-lo ao leitor, sem desde já fazer uma avaliação moral da simples anedota. Em mais de uma de suas permanências em hospitais, houve algum médico que, ao constatar a autêntica religiosidade da paciente, terminou meio convertido e abandonou seu ceticismo religioso. Porém, existiram alguns que se impacientaram com a pressa de Madre Teresa em abreviar a convalescença e retomar suas tarefas. Nessas ocasiões, ela saiu ganhando, não porém sem que a repreendessem justa e merecidamente. Aconselhavam-na que diminuísse sua atividade e se cuidasse. Em todo caso, para... fazer constar, também lhe recomendavam que reduzisse suas viagens e levasse consigo, ou no bolso de sua médica particular, seu histórico clínico, para qualquer eventualidade.

"Anjo do inferno" – um ataque calunioso contra ela e sua obra

Um salto na cronologia nos situa em agosto de 1993 em Nova Délhi, para registrar outro acidente envolvendo sua saúde combalida. Era uma manhã em que se realizava um ato no qual o governo federal lhe outorgaria um prêmio pela "promoção da paz e da harmonia comunitária". Ela não pôde comparecer, pois estava enferma. Vítima da malária, com grave congestionamento pulmonar, foi conduzida à unidade coronariana de um hospital público. Temia-se, com razão, um desenlace iminente. No dia 28 de agosto, ao completar 83 anos, foi internada. No entanto, conseguiu recuperar-se e pôde voltar a Calcutá a bordo de um avião especial colocado à sua disposição pelo governo.

Tão numerosos quanto os prêmios recebidos eram seus problemas de saúde. Foi também nessa época que surgiram alguns duros ataques contra ela e sua obra, os quais aceitou com serenidade exterior, embora lhe causassem um desgosto inevitável. Isso foi provocado pelo documentário *Hell's angel* (Anjo do inferno), produzido por uma cadeia de TV inglesa particular e recebido com a rejeição geral esperada pela inconveniência do conteúdo. De todas as maneiras, era inevitável que Madre Teresa ficasse muito abalada, embora não manifestasse seus sentimentos. No dia 17 de setembro, viu-se novamente em uma sala de cirurgia, para que lhe fosse colocado um cateter para desbloquear um vaso sanguíneo do coração.

Ainda estava internada quando se deu um desfecho doloroso e significativo: a morte do padre jesuíta belga, Celeste van Exem, seu diretor espiritual. Evidentemente, não pôde comparecer ao enterro. De sua cama no hospital, disse algo que implicava a canonização do sacerdote: "Era um verdadeiro santo. Já está no céu, certamente".

Mordida por um cão

Como argumento a favor da maternidade e da infância, Madre Teresa narrou certa vez que estava em uma cidade onde havia muitos recém-nascidos. Enquanto caminhava por uma rua central, viu na calçada oposta uma mulher que empurrava um carrinho de bebê. Curiosa, mudou de calçada para ver a criança, porém, em vez de um ser humano, havia um cachorrinho. Ela concluiu com amargura que possivelmente o animal representasse para aquela mulher o substituto do filho que talvez se recusara a ter.

Fui testemunha do carinho com que a acolheram não somente as integrantes de uma pequena comunidade de Missionárias da Caridade, como também o cãozinho da vizinha do lado. Também testemunhei o desgosto das Irmãs ao deixá-lo (e também, a seu modo, o animal deu mostras de desgosto) quando precisaram mudar-se de residência.

Em maio de 1994, Madre Teresa foi mais uma vez a uma das casas das Missionárias da Caridade, em Nova Délhi; no local, havia um cão, que a mordeu. Foi notícia de destaque em todos os meios de comunicação, de modo contrário ao axioma de que só é notícia jornalística quando um ser humano morde um cachorro, não o contrário. Além da grande repercussão, esse fato constituiu um sério risco para a saúde da religiosa, em avançado declínio. Para prevenir complicações em sua grave situação, precisou tomar injeções antirrábicas.

Críticas infundadas

Entretanto, naquela que já podia ser considerada como a reta final de sua vida, surgiram novamente nos meios de comunicação social críticas contra ela e sua obra, mais duras que nunca, por parte de uma organização extremista hinduísta, na qual procurara converter seus adeptos ao cristianismo. A censura era de outra natureza: contra sua oposição ao uso de anticoncepcionais e ao aborto em um país com densidade demográfica muito elevada.

Algumas pessoas a acusavam de que em seus lares para moribundos e enfermos em estado grave não se recorresse a analgésicos e de que havia precariedade em matéria de higiene, ou ainda, de que o dinheiro doado aos Pobres fosse utilizado, em grande parte, pela Congregação para outros fins – como a aquisição de novos locais, deslocamentos, veículos... –, em vez de ser para os doentes.

Não é o caso de se deter em demonstrar a veracidade dessas acusações, cuja falsidade está mais que demonstrada. Mas é justo registrar, ainda que rapidamente, a inevitável amargura de

Madre Teresa, em idade avançada, um sentimento que ela quase não deixava transparecer, superando-o com íntima discrição.

Lembro-me de um breve episódio – perdoem-me mais uma vez pelas lembranças pessoais –, como possível chave de interpretação de outros, conhecidos ou não. Em um percurso de automóvel do aeroporto de Barajas até Madri, com minha esposa ao volante, comentávamos muito sobriamente sobre uma pequena contrariedade ainda não de todo resolvida. O tema ficou encerrado quando Madre Teresa refletiu simplesmente: "São contrariedades inevitáveis quando alguém se situa ao lado dos Pobres".

Esse episódio ocorreu na tarde de 21 de junho de 1980, um sábado do qual não me esqueço. A partir desse momento, refleti com meus botões sobre os contratempos com que se defrontou em sua vida, ela que sempre se situou do lado dos Pobres! Coerentemente, não podia deixar de fazê-lo, uma vez que neles via Jesus. Era evidente que a reflexão de Madre Teresa se baseava na experiência pessoal.

"Madre Teresa, cuide-se! O mundo precisa da senhora!", pediu o Papa em um telegrama

Retomemos episódios e/ou acidentes relacionados à saúde em declínio. Na noite de 31 de março de 1996, em Calcutá, ela caiu da cama e quebrou a clavícula. Esse imprevisto resultou em internação na clínica Woolands, onde já havia estado e aonde voltaria outras vezes.

Naquela ocasião, como também nas demais, permaneceu o tempo estritamente indispensável. As recomendações dos médicos, que lhe sugeriam repouso, não foram de todo eficazes como pretendiam. Em junho, viajou mais uma vez aos Estados Unidos em companhia de Irmã Gertrudes, sua médica particular. Na volta, passou por Roma, Irlanda e Inglaterra.

Naturalmente, ela precisou pagar as consequências de sua convalescença atípica, ou talvez simplesmente o pedágio da idade, pois na ocasião tinha 86 anos. E ficou à beira da morte. Discretamente, João Paulo II e a princesa Diana de Gales lhe enviaram mensagens com votos pela recuperação (vale citar que o real conteúdo das últimas é desconhecido). Por sua vez, o Papa repetiu-lhe o que já havia manifestado em circunstância anterior: que, por favor, se cuidasse, pois o mundo precisava dela! A febre baixou e ela recuperou os sentidos no dia 25 de agosto, véspera de seu aniversário, celebrado na clínica, com uma representação de suas primeiras seguidoras, que foram visitá-la.

Entre os especialistas que a atendiam, não havia unanimidade quanto à decisão de liberá-la do hospital. Mas não lhes restou alternativa senão lhe dar alta condicional em 6 de setembro: aproximava-se o aniversário do Dia da Inspiração, e ela queria celebrá-lo com as Irmãs, em sua casa, na A. J. C. Bose Road, 54. Isso ocorreu no dia 10 de setembro, porém seis dias depois precisou ser internada novamente, após um aparente desmaio que pareceu ser algo mais, pois descobriram uma mancha no cérebro. No dia 25, recebeu nova alta, porém em 22 de novembro retornou ao hospital em razão de uma parada cardíaca, que posteriormente requereu intervenção cirúrgica para a correção de uma obstrução arterial, em consequência de uma arritmia que não respondia a nenhum tratamento. Ela não saiu do hospital até o dia 19 de dezembro, quase véspera de Natal, que pôde passar em companhia de suas filhas, embora ficasse cada vez mais debilitada e confinada à cama, com fortes dores nas costas.

Morre Irmã Inês, a primeira de suas seguidoras

Em abril de 1990, por razões de problemas de saúde, Madre Teresa apresentou sua renúncia ao cargo de superiora-geral, a qual foi aceita por João Paulo II. Celebrado em setembro do mesmo ano o capítulo-geral obrigatório, para surpresa dos que aguardavam, curiosos, o nome de sua sucessora, ela foi reeleita por unanimidade.

Quem ainda não havia percebido seu grave estado de saúde? Não foi bem assim. Ao ser consultado, um especialista em legislação eclesiástica afirmou que, apesar de ter renunciado ao cargo, ela poderia ser candidata. E as Irmãs, convencidas de que ninguém poderia dirigir a Congregação melhor que a Madre, adotaram apenas uma precaução humanitária ao votarem nela: trataram de providenciar um sólido grupo de conselheiras; então a reelegeram. Para ela, o ato de aceitar novamente o cargo foi um ato de obediência.

O tempo do cargo era de seis anos. Em março de 1997, houve novo capítulo-geral. Nas condições de extrema fraqueza em que estava, não podia exercer o superiorato-geral. Para sucedê-la, foi eleita, com total complacência de sua parte, Irmã Nirmala, que evidentemente era sua candidata.

Quando estava no cargo de superiora-geral, ocorreu um fato de extrema importância na Congregação: o falecimento de Irmã Inês – Subashini Das, sua ex-aluna, a primeira a segui-la.

Último encontro com Lady Di

Embora parecesse impossível, conseguiu realizar uma proeza. Em maio, acompanhada por Irmã Nirmala e pela cardiologista, dra. Patrícia Aubanel, Madre Teresa realizou uma viagem arriscada com a qual ninguém havia contado: os jornais informaram que o avião em que viajava precisou fazer uma escala especial para que lhe fornecessem oxigênio.

Sua primeira parada foi em Roma. Conduzida em cadeira de rodas, compareceu a uma audiência, antes um encontro pessoal, com o Papa. Ela afirmou: "Santo Padre, apresento-lhe minha sucessora, Irmã Nirmala; já estou sobrando". O Papa respondeu-lhe que isso seria possível como superiora-geral, não como Fundadora.

Naqueles dias, celebrava-se um congresso eucarístico internacional na Polônia – país de origem do Papa Wojtyla –, onde a Congregação das Missionárias da Caridade possuía um forte arraigo, a ponto de contar com o outro noviciado europeu, além do de Roma. Os bispos do país convidaram Madre Teresa para assistir ao congresso, convencidos de que ela representaria, ou quase tanto, o maior apelo possível. Esperavam o milagre de seu comparecimento, o qual não se produziu, e sim outro. Novamente em cadeira de rodas, ela deixou Roma, acompanhada por Irmã Nirmala e por sua médica. Supunha-se que retornava a Calcutá, porém apareceu em Nova York, no Bronx, para assistir à profissão de um numeroso grupo de noviças.

Nesse meio-tempo, a princesa Diana, que também estava nos Estados Unidos envolvida com nobres tarefas humanitárias, se encontrou com a religiosa. Na ocasião, também compareceram fotógrafos. Em algumas revistas, foram publicadas algumas fotografias do encontro entre duas das mais famosas mulheres, embora por razões muito diferentes: a princesa, mais alta e elegante que nunca, segurando pela mão, em atitude de evidente ternura, Madre Teresa, que parecia ainda menor que de costume.

Último título honorífico: cidadã honorária dos Estados Unidos

Além do auxílio econômico e da colaboração, os Estados Unidos concederam a Madre Teresa um grande número de títulos honoríficos, alguns provenientes de instituições humanitárias ou docentes e outros de associações de caráter privado.

Várias vezes, a religiosa visitou a Casa Branca, onde foi fotografada ao lado dos presidentes americanos George Bush (pai), Ronald Reagan e Bill Clinton, os dois últimos acompanhados de suas respectivas esposas. Em fins de 1996, quando a saúde da Madre estava em declínio, foi-lhe concedido o título de cidadã americana honorária, em reconhecimento pelo trabalho de "cuidar dos doentes, ocupar-se dos Pobres e esforçar-se de maneira concreta para transformar o sonho de uma sociedade melhor e mais justa em realidade".

Pelo motivo de que, nem mesmo quando desfrutava boa saúde, como ela mesma reconhecera ao dar graças ao céu, as honras a lisonjearam, pode-se então imaginar o pouco prazer que lhe poderiam proporcionar quando estava conscientemente se despedindo desta vida. Contudo, em sua opinião, o esforço de aceitar aquele título honorífico no país onde, de todos os modos, a ajudaram a servir, de maneira concreta, os mais Pobres entre os pobres era um ato de submissão.

Em uma cadeira de rodas, ela compareceu à Casa Branca para adicionar mais uma cidadania à albanesa-macedônia originária, à indiana por solicitação e concessão, e à diplomática do Vaticano e da Itália, que respectivamente Paulo VI e o presidente Oscar Luigi Scalfaro haviam-lhe concedido, para facilitar seu trabalho a serviço dos Pobres.

O retorno a Calcutá foi realizado mais uma vez via Roma. Posteriormente, em 29 de junho, compareceu à Festa de São Pedro e São Paulo (que também é a festa do Papa) realizada na basílica vaticana.* Tratou-se, evidentemente, de um gesto de fidelidade e de agradecimento ao Papa, que nunca havia conseguido, nem talvez desejado, ocultar seu sincero afeto e consideração por ela.

* Basílica de São Pedro. (N.R.)

Uma notícia ainda mais triste para ela: o falecimento de sua amiga Lady Di

No dia 31 de agosto, quando Madre Teresa estava no fim da vida, foi divulgada a notícia do falecimento da princesa Diana, em um acidente automobilístico. Após o destaque dado ao encontro, ainda recente, de ambas em Nova York, não é de estranhar que os jornalistas quisessem conhecer o estado de espírito da Madre diante da trágica notícia. A religiosa, depositária das mais íntimas e nada felizes confidências da princesa, falou elogiosamente da preocupação da falecida pelos necessitados, confessou sua dor sem nada de patético e disse que rezava por ela.

Posteriormente, foi publicada a notícia da probabilidade de Madre Teresa estar presente ao funeral da jovem princesa. Teria sido mais seguro arriscar o contrário: que antes ocorresse o falecimento da Madre – e quem certamente teria assistido ao funeral seria Lady Di.

O triunfo de seu funeral

Madre Teresa faleceu em 5 de setembro de 1997, dois dias antes do enterro de Lady Di. Foi acometida por uma parada cardíaca, consequência definitiva – como foi divulgado posteriormente – de uma circunstância aparentemente banal: um corte de energia elétrica deixou-a sem oxigênio, o que para ela era indispensável.

No dia 13, um sábado, realizou-se seu enterro. Um funeral de Estado, que foi motivo de diversas versões por parte de pessoas inconvenientes. Confessaram-se escandalizados com o fato de que fosse objeto de tamanho fausto e desdobramentos aquela que era a representante dos Pobres, sob pretexto de que não teria desejado aquilo. Mas tudo não passou de vontade de provocar.

Que ela não o tivesse desejado é uma coisa, porém que com isso os descartados fossem os Pobres, aos quais ela havia dedicado sua vida, não é correto.

Em primeiro lugar, com o funeral, realizado em um estádio de futebol coberto com capacidade para 15 mil pessoas, puderam estar presentes suas filhas em um número provavelmente superior ao comportado se a cerimônia houvesse sido celebrada em algum templo. Porque o governo, organizador do funeral, pôs metade dos convites à disposição das Irmãs, para que fossem distribuídos entre elas, as quais convidaram uma representação autêntica, embora necessariamente limitada, de Pobres.

De outro lado, pelo tipo de funeral, foi possível a transmissão do fato para o mundo inteiro pela TV, bem como a participação ativa e simbólica de representantes de outras religiões, embora o rito dominante fosse o católico, oficiado pelo secretário de Estado de João Paulo II.

Além de autoridades políticas indianas, compareceram ao funeral representantes de destaque de numerosos países, que em alguns casos estiveram representados pelas pessoas que Madre Teresa distinguira com uma amizade felizmente correspondida. Entre as autoridades presentes, estavam três rainhas, entre elas, Fabíola, da Bélgica; Sofia, da Espanha; e Noor, da Jordânia. Também compareceram Bernadette Chirac, a esposa do presidente da França, assim como Hillary Clinton, a ex-primeira-dama dos Estados Unidos. Como representante da Itália, estava o então presidente da República, Oscar Luigi Scalfaro.

O caráter público da cerimônia não prejudicava a conveniente sacralidade. A memória íntima da pessoa venerada despertava a adequada atmosfera religiosa entre os espíritos dos que acompanhavam o funeral diretamente ou pela TV.

Capítulo 21

NO ALTAR DOS CORAÇÕES

O céu "não pôde" esperar mais

No dia seguinte ao seu falecimento, um jornal de Calcutá alterava o título de um filme em cartaz em vários países para divulgar a notícia. A produção, com Warren Beatty e James Meson como protagonistas, intitulava-se *Heaven can wait* [O céu pode esperar]. Na forma negativa, transformava-se em: *Heaven can't wait*, ou seja, o céu não pode esperar.

Qualquer que fosse – e era bem outro – o alcance do título dessa agradável comédia, a utilização por parte do jornal de Calcutá o transformava em uma espécie de remota metáfora da santidade da recém-falecida.

O jornal *Newsweek*, que confiou a análise do grande acontecimento ao seu melhor especialista em assuntos religiosos, Kenneth L. Woodward, utilizou um título que insinuava quase tudo, mas em forma de pergunta: *Sainthood now?*,* o que talvez indicasse a conjetura de uma canonização próxima.

Explícita ou implicitamente, o conceito de santidade foi o mais constante nos momentos e nos dias imediatos ao falecimento de Madre Teresa, quase como garantia de sua sobrevivência como

* "Santidade agora?", em inglês no original. (N.R.)

exemplo e estímulo. Também talvez como autojustificação coletiva de que pelo menos uma representante da espécie humana – ou ela mais que ninguém – teria encarnado uma solidariedade admirada por todos.

Em um texto, de cujo autor não me recordo direito (talvez tenha sido Dominique Lapierre), estava escrito que o falecimento de Madre Teresa deixava todos um pouco órfãos. O então presidente dos Estados Unidos, Bill Clinton, declarou que a fé inquebrantável da Madre havia comovido e influenciado milhões de vidas na Índia, nos Estados Unidos e no mundo inteiro. Em seu discurso, o presidente francês Jacques Chirac disse que, após a morte da religiosa, ficava no mundo menos amor, menos compaixão, menos luz. De modos distintos, embora não fosse assunto de sua competência direta, percebe-se que até os chefes de Estado a reconheceram antecipadamente como santa.

Suas filhas não tinham pressa

É bem verdade que a santidade de fama, e até real, somente é adquirida pela "pessoa jurídica" após a validação canônica. Paradoxalmente, a santidade de Madre Teresa, a princípio, não foi muito divulgada.

Igualmente ao de outros candidatos, seu caso ficou na fila, à espera de ser tratado em nível correspondente. No entanto, ocorreu um fato adverso ao que costuma acontecer com os fundadores de congregações religiosas, tanto masculinas como femininas. Costumam ser as religiosas ou os frades das congregações desses fundadores que impulsionam – às vezes até pressionam – para que os outros vejam e admirem a santidade, embora nem sempre o tenham sido tanto, mas pouco menos que eles exageradamente supõem.

Por mais estranho que possa parecer, sem que houvesse um porquê, Irmã Nirmala, a primeira sucessora de Madre Teresa, afirmou a seguir, com serena convicção, que as Missionárias da Caridade não tinham nenhuma pressa de que sua Fundadora fosse declarada santa. Desejavam mais que fosse conhecida de modo autêntico, para que sua santidade produzisse frutos na Igreja.[1]

É claro que alguém poderia dizer que, ao abster-se de tomar a iniciativa de promover de modo ativo e imediatamente a causa de sua Madre, as Missionárias da Caridade demonstrassem certa fraqueza institucional em relação à Madre fundadora, ou de não estarem suficientemente convencidas de sua santidade. O que, como se percebe, não seria mentira, mas calúnia.

Nisso, como em todas as ocasiões, as Missionárias da Caridade deixaram a iniciativa à Providência, seguindo o exemplo que sempre lhes foi dado pela Fundadora. É doutrina comum que a Providência se serve de "causas segundas" como instrumentos. Com o falecimento de Madre Teresa, cabia ao arcebispo diocesano de Calcutá, Dom Henry Sebastian D'Souza, ser o padrinho da causa.

O quinquênio de espera resumiu-se em... um ano!

A legislação eclesiástica impõe cinco anos de espera após o falecimento, antes de empreender a cansativa e excessiva tramitação correspondente. Parece que o motivo subjacente a esse prazo quinquenal é o de congelar possíveis e não infrequentes

---

1 Talvez não seja demais citar as palavras originais (em inglês) que a agência de notícias Reuteurs, que se situa entre as de maior crédito no panorama informativo internacional, divulgou como se fossem de autoria da religiosa, pronunciadas em 15 de março de 1999: *We are not in a hurry. We would rather want the real Mother to come, whom we can venerate more.* (Não temos nenhuma pressa. Antes desejamos que venha à luz a autêntica Madre Teresa, a quem poderemos assim venerar com maior razão.)

"fervorites" iniciais, e verificar a consistência. Era mais que evidente que o plebiscito universal sobre a fama de santidade de Madre Teresa absolutamente não era flor de um dia, porém a lei tinha de ser cumprida...

A menos de um mês de seu falecimento – ocorrido em 5 de setembro de 1997 –, ou seja, em 23 de outubro do mesmo ano, Dom D'Souza pediu ao Papa que concedesse a dispensa do prazo de espera. Em 12 de dezembro de 1998, João Paulo II, tão particularmente generoso nesses temas como convencido – em vida! – da santidade de Madre Teresa, concedeu a excepcional.

Em 26 de julho de 1999, pôs-se em marcha o processo no âmbito diocesano. Naturalmente, a exceção cronológica por parte de João Paulo II despertou certa curiosidade a que o Papa não respondeu diretamente, e sim o prefeito da chamada Congregação para as Causas dos Santos, que naquele momento era o cardeal brasileiro José Saraiva Martins. Vale citar que ele não foi entrevistado em um meio de comunicação sensacionalista, mas sim benevolente como cabia esperar da Rádio Vaticano.

Quando lhe perguntaram, mais para dar-lhe a oportunidade de uma generosa explicação que para fazê-lo cair em uma armadilha, sobre o motivo dessa inesperada aceleração, o cardeal brasileiro explicou que não se tratava de uma aceleração, e sim de "uma simples dispensa da norma canônica que fixa o início da investigação diocesana para os cinco anos depois da morte do Servo de Deus". Acrescentou que a exceção ao prazo de início do processo não afetava seu desenvolvimento.

A seguir, fizeram-lhe uma pergunta igualmente pertinente e nada capciosa sobre quais poderiam ter sido as razões de João Paulo II para assinar a exceção. Saraiva Martins não encontrou dificuldades na resposta. Fez alusão à "expansão da fama de santidade de Madre Teresa tanto nas fronteiras eclesiais como fora dela". Referiu-se também "à extraordinária importância de que goza a figura da fundadora das Missionárias da Caridade", assim como "à avalancha de pedidos que chegaram de múltiplas fontes da Igreja Católica, bem como de grupos, indivíduos e instituições que não fazem parte da Igreja".

Com esse precedente por parte das instâncias máximas vaticanas, não é de admirar que se desatassem algumas reflexões relativamente fantasiosas. Por exemplo, a de que a beatificação poderia ocorrer no decurso do jubileu do ano 2000, tão propagado por João Paulo II. Na ocasião, Irmã Nirmala interrompeu essas reflexões com o desaconselhamento de impaciências e enfatizou que, naturalmente, ela ficaria encantada com isso! Algumas pessoas também se aventuraram a dizer que, para a beatificação, João Paulo II poderia deslocar-se para Calcutá. (Com razão, diz-se que, para alguns, "a fantasia é livre", o que contrasta com os que defendem que "um pouco de bom senso nunca é demais".)

Interrogatório da Irmã Mickael Joseph

Solicitado convictamente pelo arcebispo e generosamente autorizado pelo Papa, o processo canônico, em seu âmbito diocesano, pôs-se em marcha no dia 6 de julho de 1999, ou seja, dois anos após o falecimento de Madre Teresa.

É óbvio que, com essas intervenções a partir das altas hierarquias, a "incorporação das tarefas" por parte das Missionárias da Caridade eram antes um dever de obediência. E elas obedeceram, com o oferecimento de toda colaboração possível, mesmo sem detrimento do que lhes era essencial: servir aos Pobres. Pois, na opinião delas, os Pobres são Cristo.

A primeira providência foi a proposta de dois efetivos qualificados: um sacerdote dos Missionários da Caridade, o Padre ucraniano-canadense Brian Kolodiejchuk, e a Irmã indiana Lynn Mascarenhas, de remota ascendência portuguesa. O primeiro, como postulador; a religiosa, como vice-postuladora.

Diante do volume de trabalho, e não menos da pressa de outros membros da Congregação, aumentou o número de colaboradores. Isso se deveu ao fato de que, a julgar pela relação que a seguir se conheceu e que ainda circula na Internet (http://www.motherteresacause.info), foram interrogadas 117 testemunhas, 75 delas da Índia, sobretudo de Calcutá, mas também 25 dos Estados Unidos, 13 da Itália, 2 da Alemanha e 1 da Bélgica. Em uma distribuição de caráter sociorreligioso, 63 eram sacerdotes, bispos, religiosos e religiosas e 54, leigos.

Com o fundamento seguinte, suspeita-se que essas 117 testemunhas fossem, digamos, canonicamente formais. Essa suposição de que tenha havido outro tipo de testemunhas de classificação (e contribuição) diferente e menor se origina de uma experiência pessoal.

Pela ordem das pessoas interpeladas, estavam a Irmã Mickael Joseph, identificada como uma das colaboradoras mais diretas (secretária) de Madre Teresa, e eu. No decurso de uma longa viagem de pesquisa que incluiu também Espanha, Irmã Joseph perguntou-me algo relacionado a meus livros sobre Madre Teresa e insistiu de modo especial em minhas fontes de consulta para escrevê-los. Quis também conhecer as edições originais das obras, pois as que as jovens consultavam na postulação eram traduções em língua inglesa.

Eu a conhecia desde o início da década de 1980, quando fora provincial do território que incluía também as casas da Espanha. Por esse fato e pela sincera consideração que tinha por ela, mesmo temendo que fosse um tanto indiscreto, eu lhe manifestei a seguinte opinião: nas gestões relacionadas com o processo de beatificação de sua Madre fundadora, as Missionárias da Caridade quase foram caudatárias de determinadas hierarquias eclesiásticas. Sua resposta ratificou minha convicção sobre a liberdade de julgamento, pois me esclareceu que, mais que avançar, elas quase obedeciam a ordens, ou a simples desejos, que, para elas, eram ordens.

Irmão Geoff, da parte da Comissão Histórica...

Algum tempo depois, em 12 de janeiro de 2001, recebi uma carta em papel timbrado remetida de Calcutá em que se lia *Historical Commission of the Cause of Beatification and Canonization of Mother Teresa of Calcutta* [Comissão Histórica do processo de beatificação e canonização de Madre Teresa de Calcutá], enviada por um velho-jovem amigo: o Irmão Geoff, primeiro sucessor, na condição de "servo-geral", de meu inesquecível grande amigo, Irmão Andrew. Ainda conservo essa carta, que transcrevo a seguir, com a tradução de seu pedido:

> Estamos interessados pelo que o senhor escreveu a respeito da opinião que Irmão Andrew lhe manifestou sobre Madre Teresa. Ele foi uma das testemunhas orais para a causa de Madre Teresa. Testemunhou quando veio a Calcutá em 1999. O senhor estaria disposto a compartilhar conosco uma cópia do que ele lhe escreveu, para uso confidencial da causa? Agradeceríamos muito poder juntar isso à documentação de que dispomos. Visto não ser uma carta assinada pelo Irmão Andrew, necessitaríamos de uma carta anexa dando fé de que se trata de um escrito do Irmão Andrew sobre Madre Teresa, acrescentando o que o senhor quiser. No caso provável de ser uma fotocópia de algo que Irmão Andrew enviou ao senhor, seria ainda mais valioso se a cópia pudesse ser autenticada (com firma, chancela e data) por qualquer tabelião eclesiástico ou civil.

Para finalizar, Irmão Geoff acrescentou um dado que nesse momento já tem valor histórico. Dizia-me que o seguimento do processo estava bem adiantado, mas, por limitações de pessoal, requeria mais tempo que o esperado, exceto os que "estão conscientes das implicações de um processo histórico dessa natureza".

O testemunho de Irmão Andrew sobre a santidade de Madre Teresa

O leitor tem direito de saber algo, e eu complacência em explicar, sobre o testemunho escrito do Irmão Andrew a respeito de Madre Teresa. Tal fato alongará um pouco este capítulo, mas considero tratar-se de algo fundamental. O que não sei bem, ou não lembro, é como puderam informar meu amigo australiano, Irmão Geoff, da existência de um testemunho escrito do Irmão Andrew, uma vez que naquele momento ainda era um texto inédito.

Pela grande amizade que me unia ao cofundador dos Irmãos Missionários da Caridade e de sua relação tão próxima e, de certo modo, privilegiada com Madre Teresa, eu me atrevi a pedir que me desse um testemunho pessoal sobre ela para um livro que estava elaborando naquele momento, o qual se intitularia *Madre Teresa: Recuerdo y mensaje* [Madre Teresa: lembrança e mensagem].

Meu íntimo e inesquecível amigo Irmão Andrew enviou-o para mim pelos Correios de Hawthorn, Austrália, onde morava. É um testemunho extenso, mas resisto a não proporcioná-lo inteiramente ao leitor. Nele, estava escrito:

> Sem nenhum trauma, a morte de Madre Teresa aproximou-a de cada um de nós de modo diferente. Uma de suas filhas, destinada a um país africano, confidenciou: "Quando Madre Teresa estava na Índia, a distância parecia intransponível. Agora, após

sua morte, tenho a impressão de que ela está muito perto de mim". Eu também compartilho dessa impressão de tê-la muito mais viva e próxima de mim. Algo misterioso de nossas vidas e de nossa transcendência em Deus nos aproxima dessa mulher verdadeiramente especial, que todos sentimos muito viva. Os santos são especiais. O senhor me pediu para colocar por escrito minhas observações sobre Madre Teresa. Trata-se de uma tarefa impossível. Teria de escrever um livro inteiro para relatar os acontecimentos, os encontros e as palavras que tive o privilégio de viver, celebrar e escutar dela. Essa é a razão pela qual, a esse respeito, não sei se estou em condições de compartilhar. Ninguém perde muito, uma vez que existe uma enorme quantidade de anedotas e também um grande número de pessoas com muitas coisas para relatar sobre Madre Teresa. Não obstante, acredito estar em condições de dizer muito em poucas palavras. Posso garantir, com absoluta convicção, que Madre Teresa foi um dom extraordinário de Deus em minha vida. Com Santo Inácio de Loyola, ela constitui a fonte de tudo o que recebi em minha formação como jesuíta. Ambos exerceram e continuam exercendo uma influência muito grande em meu itinerário rumo a Deus e na visão que tenho de Jesus e de sua mensagem. Essa é a enriquecedora herança de minha vida. Madre Teresa viveu e me comunicou Jesus e seu amor com sua vida, com suas palavras, com a profundidade e a constância da total entrega de si mesma a ele e aos seus Pobres. Madre Teresa foi isso para mim. Mesmo quando meu seguimento e imitação eram pobres e fracos, ela soube me dar uma visão e um significado enriquecedores para minha vida, com a certeza de que Jesus aceitou os Pobres como eu, apesar de meu amor e de minha generosidade terem sido tão escassos. Considero um privilégio poder entender a minha vida e Deus nessa luz. Penso em Dag Hammarskjöld, secretário da ONU na década de 1960, que escreveu que santo é alguém cuja vida tem um conteúdo para os outros. Sem dúvida, a vida de Madre Teresa possui um rico conteúdo para mim, como também para um número imenso de pessoas, razão pela qual dou graças a ela e graças a Deus.

A ela também foi "exigido" um milagre

Fiz o possível, que não pôde ser muito, para agradar o consulente, Irmão Geoff. Talvez pudesse fazer mais, mesmo sabendo que sobravam argumentos para documentar a santidade de Madre Teresa à Comissão Histórica. Para mim eram tantos que até me permiti arriscar por escrito uma opinião que beirava a insolência. Disse-lhe que me parecia tão evidente sua santidade que, em minha opinião, todas as formalidades encaminhadas para documentá-la eram excessivas.

Contudo, entendo que a parcialidade do Papa – se é que cabe esse termo – tenha se restringido à simples exceção cronológica. Pois também à Madre Teresa foi "exigido", ou a Deus por sua intercessão, o milagre prescrito. Um milagre objetivo, visualmente constatável, impossível de ser explicado pelas leis naturais e claramente atribuível à intercessão da – com paradoxal atraso – candidata a ser reconhecida como beata. E santa!

Da mesma forma que outras pessoas, eu estou convencido de que os milagres atribuíveis à intercessão de Madre Teresa são várias centenas, como, igualmente quase se acredita mais nos morais que nos físico-orgânicos. Mas entendo o pensamento dos que exigem outro tipo de milagre como prova para os processos de beatificação e canonização.

Foi justamente um milagre com as características físico-orgânicas o escolhido para tornar digna de crédito a virtualidade da intercessão de Madre Teresa. Sua beneficiária passiva foi uma mulher indiana que, em 1998 (quando o milagre ocorreu), tinha 30 anos e cinco filhos. (Desconheço se agora tem mais filhos.)

No primeiro aniversário de falecimento de Madre Teresa

A enferma chama(va)-se Monika Besra. Padecia de um tumor ovariano, acompanhado de um forte inchaço na região estomacal. A fraqueza extrema não permitia que fosse operada pela impossibilidade de absorver a anestesia. Seu estado geral comportava numerosos sintomas, como dor de cabeça constante, problemas respiratórios, febre altíssima, insônia, entre outros. Desenganada pelos médicos, foi levada ao Lar do Moribundo Abandonado de Patiram, a 300 quilômetros de Calcutá. Ela não era cristã e menos ainda católica. Em sua localidade original, todos eram majoritariamente animistas, da mesma forma que ela.

As Irmãs Bartholomea e Ann Sevika, cujos cuidados e remédios não davam resultado, uma vez que todos os medicamentos prescritos pelos médicos eram inúteis, sugeriram à paciente que invocasse o auxílio de Madre Teresa, cuja fotografia haviam colocado diante da cama em que padecia de suas dores insuportáveis. Elas mesmas invocavam com fé a proteção de sua Fundadora.

A fase mais aguda da enfermidade de Monika Besra coincidiu precisamente com a data do primeiro aniversário do falecimento de Madre Teresa: 5 de setembro de 1998. Na ocasião, as Irmãs acompanharam suas orações com um recurso ao qual, segundo consta, a própria Madre Teresa recorria com frequência, com resultados, ao que parece, milagrosos. Enquanto dormia, colocaram sobre o estômago de Monika uma medalha da Milagrosa, que havia estado em contato com o corpo de Madre Teresa depois de sua morte.

Na manhã seguinte, o tumor havia desaparecido. "Meu ventre foi desinchando cada vez mais. Comecei a me sentir inteiramente bem. Tenho certeza de que foi Madre Teresa que me curou", confidenciou ela. Cinco médicos ratificaram o desaparecimento completo de qualquer vestígio do tumor.

Houve outros milagres

Entre centenas de milagres,[2] o operado em favor de Monika Besra foi o que o arcebispo de Calcutá, Dom Henry Sebastian D'Souza, propôs ao exame dos técnicos da Congregação Vaticana para as Causas dos Santos, o qual foi reconhecido como atribuível à intercessão de Madre Teresa. Também foi aprovado em João Paulo II, em 20 de dezembro de 2002, que ratificou a heroicidade de suas virtudes. Alguns dias depois, o pontífice fixou o dia 19 de outubro de 2003 como data para o solene ato público da beatificação.

No que diz respeito à "beneficiária", Monika Besra, ela confessa que... houve algo mais:

---

2 Um entre centenas de milagres potenciais — e dizer centenas talvez seja dizer pouco; seria preciso acrescentar zeros... — foi publicado desta maneira pela agência católica Zenit, em 2 de março de 1999, o qual foi relatado pelo próprio arcebispo de Calcutá: "No ano passado, estava de visita à Terra Santa. Em Caná da Galileia, fui abordado por uma mulher palestina, que me disse: 'O senhor tem de ser o arcebispo de Calcutá. Tenho uma fotografia do senhor com Madre Teresa'. Continuou me falando de sua neta, gravemente afetada por câncer de ossos. Na noite anterior à data da cirurgia, a jovem teve um sonho no qual viu uma mulher com um vestido branco e listras azuis, que lhe disse: 'Não tema, você está curada!' A jovem não tinha a menor ideia de quem poderia ser a mulher do sonho. Quando os médicos se preparavam para começar a cirurgia, constataram que não havia sinais do câncer. Após a cura milagrosa, a família da jovem procurou identificar a mulher do sonho e descobriu que se tratava de Madre Teresa".
O arcebispo D'Souza, entrevistado na ocasião pela agência Fides, fez outras revelações, como esta: "O túmulo de Madre Teresa, na casa das Missionárias da Caridade, em Calcutá, transformou-se em local de peregrinação desde o primeiro momento de sua morte. São centenas e centenas de visitas diárias: grupos de estudantes, pessoas da Índia e de todas as partes do mundo. Presta-se veneração às suas imagens, e ela é invocada constantemente, de modo especial da parte dos Pobres. Ainda ontem recebi uma carta de uma senhora de Bombaim pedindo-me que rezasse por ela a Madre Teresa, para lhe pedir um favor especial. Não se trata de movimento organizado. É tudo espontâneo".

O milagre recebido no dia 5 de setembro de 1998 não foi um só. A cada dia, sinto que minha família está sob a proteção de Madre Teresa. Em nosso lar, reina uma verdadeira alegria. Além disso, comecei a experimentar a alegria de ajudar o próximo. Há quem peça que eu reze por eles, pela saúde de algum parente ou amigo, pela paz nas famílias que atravessam alguma dificuldade. Nesses casos, dirijo-me com serenidade à Madre Teresa e à Virgem Maria. Com frequência, é me comunicado que, graças a Deus, se produziram bons resultados.

Comunicado de Irmã Nirmala

Um comunicado da superiora-geral das Missionárias da Caridade, Irmã Nirmala, fez-se eco agradecido e público da notícia do ocorrido:

> Como Missionárias da Caridade, damos graças e glória a Deus pelo fato de que o Santo Padre João Paulo II tenha reconhecido oficialmente a santidade de nossa Madre e dado sua aprovação ao milagre obtido por sua intercessão. Nós nos sentimos repletas de alegria pela beatificação, que se dará em Roma na Jornada Missionária, em 19 de outubro de 2003, o domingo mais próximo ao 25º aniversário do pontificado do Santo Padre e do encerramento do Ano do Rosário. Após três anos e meio de pesquisas e estudos, a Igreja ratifica que Madre Teresa viveu heroicamente a vida cristã e que Deus a elevou a modelo tanto de santidade como de intercessora para todos.
>
> Madre Teresa constitui um símbolo de amor e de bondade. Quando ainda estava entre nós, fomos testemunhas de seu luminoso exemplo de todas as virtudes cristãs. Sua vida de serviço amoroso aos Pobres animou muitas pessoas a seguir os seus passos. Seu testemunho e sua mensagem são considerados por todos como sinal de que “Deus continua amando o mundo também hoje”. Nos cinco anos transcorridos da morte de Madre Teresa até aqui, as pessoas têm buscado sua ajuda e experimentado o amor de Deus por elas mediante suas orações.

Diariamente, peregrinos da Índia e do mundo inteiro comparecem para rezar sobre seu túmulo, e muitos outros seguem o exemplo de humilde serviço de amor aos mais necessitados, a começar pelas próprias famílias.
Madre Teresa afirmava com frequência que “a santidade não é um luxo de poucos, e sim um simples dever de todos nós”. Tomara que seu exemplo nos ajude a nos esforçar para ser santos: para amar a Deus, para respeitar e amar cada ser humano, criado por Deus à sua imagem e em quem ele mora, e para nos ocupar de nossos irmãos Pobres e sofredores. Tomara que todos os enfermos e os que buscam a ajuda de Deus encontrem em Madre Teresa uma amiga e intercessora.

Capítulo 22

A BEATIFICAÇÃO

A festa de 19 de outubro de 2003, um domingo

Essa data foi especial, em que se acumularam três celebrações. Uma delas foi a jornada missionária para a nova tomada de consciência sobre o mandato evangelizador deixado por Jesus a seus discípulos. A outra foi uma homenagem a João Paulo II pelos 25 anos de sumo pontificado. Essa efeméride fez afluir a Roma todos os cardeais, os quais, com os 31 de nomeação recente, totalizaram um recorde absoluto.

Na ocasião, por vontade do Papa acolhido com alegria pelo mundo inteiro, católico ou não, todas as atenções convergiram para uma protagonista mais silenciosa que nunca: Madre Teresa de Calcutá. O dia lhe estava dedicado de maneira especial para a celebração do ato solene e formal de sua proclamação como beata, realizada na Praça de São Pedro, em Roma.

Por essa razão, encontravam-se ali cerca de 300 mil testemunhas, provenientes do mundo inteiro, que representavam, sem saber e de maneira implícita, milhões de pessoas convencidas de que Madre Teresa era uma autêntica santa já em vida. Parece, e vamos analisá-lo, que o assunto da canonização, em vez de simples beatificação, chegou a ser considerado um ato único para aquela manhã, sem a oposição do próprio João Paulo II.

Foi apenas uma espécie de cálculo prudencial determinante de um descumprimento não de todo convencido.

É necessária explicação? Pois bem, explicação pessoal, que compromete apenas quem a oferece, mas que não pretende influenciar ninguém que não esteja convencido. Vale citar – e ratifico meus conhecimentos superficiais em uma enciclopédia religiosa de 2004, prolongada e introduzida por dois cardeais – que a beatificação constitui um primeiro reconhecimento de santidade de um servo de Deus, com autorização de seu culto para determinado território ou família religiosa à espera de um reconhecimento posterior e definitivo, em todo o âmbito da catolicidade. Como se, por conjetura, a devoção a Madre Teresa ficasse reduzida ao âmbito da família religiosa por ela fundada e ao seu país de origem (Albânia-Macedônia) ou de adoção (Índia), à espera de um reconhecimento definitivo com autorização de culto para todo o mundo. Isso ocorre com certos beatos, conhecidos e venerados pelos habitantes de sua cidade, região, ou, quem sabe, de seu país, ou senão pelos frades e monjas de sua Congregação. Todavia, quando sua fama de santidade era e continua sendo tão ampla como as fronteiras do mundo, quando a notícia de seu processo canônico foi conhecida e comemorada com antecipação mais que suficiente, apesar da exceção dos prazos, e o júbilo pelo reconhecimento público de suas virtudes heroicas foi unânime e universal, o compasso de espera entre beatificação e canonização é, não se discute, juridicamente válido porque a competente autoridade assim o decretou. Porém a possibilidade de uma beatificação/canonização em um mesmo ato não teria necessitado de racional legitimidade.

De fato, no caso de Madre Teresa, a explicação dessa diferenciação se fundamentou no desejo, e nada mais, de prevenir possíveis suscetibilidades por parte não de outros beatos ou santos, mas de seus – como dizê-lo...! – fãs e beneficiários. Ou melhor, devotos.

Por que não houve exceção?

Li que isso ocorreu como resultado de uma conversa de John L. Allen com o cardeal português José Saraiva Martins, prefeito da Congregação para as Causas dos Santos. O correspondente em Roma do *National Catholic Reporter* resume o conteúdo da conversa nestes termos:

> Uma vez que Saraiva Martins é quem se ocupa dos santos, discorremos sobre a beatificação de Madre Teresa, que ele conheceu pessoalmente. Antes da beatificação, se havia ponderado a conveniência de proceder diretamente à canonização. A proposta se fundamentava parcialmente no fato de que a antiga distinção entre beatificação como ato de uma Igreja local, e canonização como ato da Igreja universal, não se sustenta. No final das contas, vivemos em um mundo em que a CNN transmitiu diretamente a beatificação de Madre Teresa, transformando-a por definição em um acontecimento global. Saraiva Martins não se mostrou convencido. "Que a antiga distinção tenha perdido seu sentido? Não acredito. No final das contas, os casos de Madre Teresa ou do Padre Pio são evidentemente excepcionais. Não se pode lançar mão deles para julgar a norma", argumenta Saraiva Martins. E aduz: "Além disso, não estamos diante de um dogma de fé. As coisas podem mudar". Saraiva Martins pensa que seria um equívoco passar por cima das normas. "Se fizéssemos uma exceção, haveríamos criado um precedente. O que haveria provocado uma avalanche de pedidos de outras exceções", afirma Saraiva Martins. "Certamente poderia acrescentar que Madre Teresa foi um caso excepcional. Porém isso não teria detido a superiora-geral de qualquer outra congregação de alegar: *Nossa fundadora não foi menos santa que Madre Teresa. Por que não fazemos uma exceção também para ela?* Não há dúvida de que criar precedentes é sempre perigoso. O melhor é se ater à legislação em vigor.[1]

---

1 *National Catholic Reporter*, v. 3, n. 11, de 7 de novembro de 2003. (Uma vez que a CNN é citada, permito-me o prazer e a pequena veleidade de

O que sobreveio, com solenidade nada artificial, entre as 10 e 12 horas daquela manhã de um outubro romano, radiante de sol após uma véspera fortemente chuvosa, foi a solene, formal, convicta e alegre declaração da beatificação de Teresa de Calcutá por João Paulo II.

Por razões diversas, não pude assistir a essa cerimônia. No dia 3 de setembro de 2000, estive presente à beatificação de outro – para mim e muitos outros – excepcional grande santo do século XX: o inesquecível João XXIII. Percebi – no caso de Madre Teresa, pela transmissão ao vivo pela TV – que a fórmula de beatificação utilizada pelo Papa foi substancialmente a mesma em ambos os casos. Ao referir-se a ela, João Paulo II afirmou solenemente, em latim:

> Acolhendo o desejo de nosso irmão Lukas Sirkar, arcebispo de Calcutá, e de muitos outros irmãos no episcopado, assim como de muitos fiéis, após escutar o parecer da Congregação para a Causa dos Santos, com nossa autoridade apostólica concedemos que a venerável Serva de Deus, Teresa de Calcutá, seja de agora em diante considerada beata, e que se possa celebrar sua festa, nos lugares e de acordo com as regras estabelecidas em direito, no dia de seu nascimento para o céu, 5 de setembro. Em nome do Pai, do Filho e do Espírito Santo.

Em seguida, repetiu-se por toda a assembleia, virtualmente composta de 300 mil vozes, um triplo "amém" de ratificação.

João Paulo II escreveu a homilia, lida por outros

A data coincidiu com uma forte recaída no estado de saúde de Karol Wojtyla, que já se havia manifestado com clareza poucas

---

informar sobre a honra proporcionada a mim pelo convite feito pela CNN espanhola para comentar ao vivo, por aproximadamente duas horas, em companhia de um funcionário da emissora, a cerimônia de beatificação.)

semanas antes, entre os dias 11 e 14 de setembro de 2003, na ocasião de sua visita apostólica à Eslováquia. Por sua fraqueza, foi necessário que João Paulo II delegasse a outros parte do protagonismo cabido na cerimônia, a qual foi presidida por ele. Mas teve de conservar-se em silêncio, exceto ao pronunciar a fórmula de beatificação e na bênção final, após a Eucaristia. Para o restante do ato, celebrado em três idiomas – latim, italiano e inglês –, atuaram como leitores, o arcebispo de Calcutá, Dom Lukas Dias, e o substituto da secretaria de Estado para assuntos gerais, Dom Leonardo Sandri. Os dois também leram, alternadamente, diante do microfone, o resumo da vida de Madre Teresa, que, em substância, provavelmente era de conhecimento geral por todos os presentes na praça. Esse resumo biográfico também não revelou nada substancial a ser ignorado pelos leitores destas páginas.

Pessoalmente, comoveu-me o fato de iniciar com algumas palavras com as quais se abre a reconstrução autobiográfica de minha autoria – com a excelente acolhida que garante a vicissitude e o nome de Madre Teresa – em três idiomas: espanhol, italiano e inglês.[2]

---

2 Apareceram, respectivamente, sob o título *Mi vida por los Pobres* (Temas de Hoy, Madrid), *La mia vita per i Poveri* (Bompiani, Milano), *My Life for the poor* (HarperCollins, San Francisco). Essas palavras iniciais soam, em espanhol: *Por sangre y origen, soy albanesa. Tengo la nacionalidad índia. Soy una religiosa católica. Por mi vocación pertenezco al mundo entero, pero mi corazón pertenece por completo al Corazón de Jesús.* Em italiano: *Per sangue e origine, sono albanese. Ho la nazionalità indiana. Sono una religiosa católica. Per la mia vocazione appartengo al mondo intero. Il mio cuore, però, appartiene interamente al Cuore di Gesù.* Em inglês: *I am Albanian by birth. Now I am a citizen of India. I am also a Catholic nun. In my work, I belong to the whole world. But in my heart, I belong to Christ.* Isso demonstra que as traduções não coincidem inteiramente. Nisso, sem culpar ninguém, assumo minha parte de involuntária responsabilidade. Acrescento que o livro oficial (da Livraria Vaticana) que todos os participantes da cerimônia de beatificação receberam como cortesia incluía pequenas variantes em relação às anteriores, como se pode comprovar na seguinte transcrição.

Pela saúde debilitada, o Papa não pôde pronunciar a homilia preparada especialmente para a ocasião. Ela foi declamada, alternadamente, pelo arcebispo Dias (em inglês) e por Dom Sandri (em italiano). E fizeram-no muito bem, como se fossem os autores das considerações elaboradas por João Paulo II. É claro que, embora o primeiro fosse indiano e o segundo, argentino, pronunciaram muito melhor que por fraqueza ou cansaço teria podido fazer o próprio Papa. Seria semelhante a um texto de Pablo Neruda, Paulo Coelho ou Eça de Queiroz que fosse declamado por um famoso locutor de rádio ou TV admirado pelo leitor.

Por esse motivo, não era fácil para o Sumo Pontífice, que em várias ocasiões se referia a Madre Teresa, dizer, ou melhor, escrever algo inédito que não tivesse mencionado em outras ocasiões. Por exemplo, em relação ao que afirmara no dia seguinte a sua morte, ocorrida em setembro de 1997, ou no primeiro aniversário de falecimento, ao saudar os peregrinos no *Angelus* dominical:

Em italiano: *Di sangue sono albanese. Di cittadinanza, indiana. Di fede, suora católica. Di chiamata appartengo al mondo. Il mio cuore appartiene totalmente a Gesù.* Em inglês: *By blood, I am Albanian. By citizenship, I am a Catholic nun. As to my calling, I belong to the world. As to my heart, I belong entirely to the Heart of Jesus.* Em espanhol: *De sangre soy albanesa. De ciudadanía, índia. En lo referente a la fe, soy una monja católica. Por mi vocación pertenezco al mundo. En lo que se refiere a mi corazón, pertenezco totalmente al Corazón de Jesús.* Além disso, o mencionado livro oficial incluía traduções para o francês e o albanês. Se alguém ficar curioso em conhecer a tradução francesa, não custa contentá-lo: *Para mon sang, je suis albanaise. Par ma nationalité, indienne. Par ma foi, je suis une religieuse catholique. Pour ce qui est de mon appel, j´appartiens au monde. Pour ce qui est de mon coeur, j´appartiens entièrement au Coeur de Jésus.* É mais que razoável a deferência de ter sido incluída também a língua albanesa, não somente por coincidir com a nacionalidade originária da nova beata, como também pela presença de uma abundante representação oficial e popular que, se em número podia ser superada por outras nacionalidades, chamava poderosamente a atenção pelo chamativo de seus trajes típicos e por suas bandeiras. Em relação às características exóticas e coloridas, algo semelhante ocorreu nas representações oficial e popular, procedentes da Índia.

> Faz exatamente um ano, no entardecer de 5 de setembro, Madre Teresa falecia em Calcutá. Sua lembrança permanece viva em cada um de nós, em toda a Igreja e no mundo inteiro. Que obra mais maravilhosa soube realizar essa mulher de pequena estatura, vinda de uma família humilde, com a força da fé em Deus e do amor ao próximo! Ela foi um presente de Deus aos mais Pobres entre os pobres e, ao mesmo tempo, por seu amor extraordinário aos últimos, foi e continua sendo um dom singular para a Igreja e o mundo. Sua entrega total a Deus, confirmada dia a dia na oração, transformou-se em uma entrega total ao próximo. No sorriso, nos gestos e nas palavras de Madre Teresa, Jesus esteve caminhando pelas sendas do mundo como Bom Samaritano e o continua fazendo nas Missionárias e Missionários da Caridade que integram a grande família fundada por ela. Expressamos nosso agradecimento aos filhos e filhas de Madre Teresa por sua radical opção evangélica e pedimos por todos eles, para que não deixem de se manter fiéis ao carisma que o Espírito Santo despertou em sua Fundadora.

João Paulo II pronunciou essas palavras com a força que então ainda possuía. Não seria a mesma alguns anos depois, em aproximada coincidência com o momento da beatificação, em que alguém estimava em 60% a diminuição da atividade papal em Roma e em 25% a desenvolvida fora da capital do catolicismo.

Principal objetivo de Madre Teresa

Como foi mencionado, a homilia da liturgia da beatificação foi lida em italiano e em inglês. Em italiano, a primeira parte e a conclusão; em inglês, a parte central, relativamente a mesma extensão total de texto e de tempo nos dois casos. Concretamente, o que se segue correspondeu à parte declamada em inglês pelo arcebispo de Calcutá:

> O brado de Jesus na cruz: "Tenho sede!", que expressa a profundidade do anelo de Deus pelo homem, penetrou a alma de Madre Teresa e encontrou um terreno fértil em seu coração. Saciar a sede de amor e de almas em união com Maria, mãe de Jesus, transformou-se no único objetivo da existência de Madre Teresa e na força interior que a impelia a sair de si mesma e a correr às pressas pelo mundo e a se voltar para a salvação e a santificação dos Pobres mais pobres.

A seguir, está relacionado o fragmento traduzido do inglês, cujo texto se inicia com uma citação de Mateus (25,40), muito familiar e frequente nos lábios de Madre Teresa:

> "Em verdade, vos digo: todas as vezes que fizestes isso a um destes mais pequenos, que são meus irmãos, foi a mim que o fizestes!" Essa passagem evangélica, tão fundamental para entender o serviço de Madre Teresa aos Pobres, foi a base de sua convicção repleta de fé de que "ao tocar os corpos abatidos dos Pobres, estava tocando o corpo de Cristo". A Jesus mesmo, oculto sob o rosto dolorido dos mais Pobres entre os pobres, dirigiu-se seu serviço. Madre Teresa destacou o mais profundo sentido do serviço ao manifestar que um gesto de amor realizado em favor de quem tem fome ou sede, de quem é imigrante, está nu, doente ou na prisão é feito ao próprio Jesus.

O substituto Sandri leu em italiano a seguinte evocação do Papa sobre Madre Teresa:

> De vez em quando, vinha me falar de suas experiências a serviço dos valores evangélicos. Lembro-me, por exemplo, de suas intervenções a favor da vida e contra o aborto, e também quando lhe foi conferido o Prêmio Nobel da Paz. Costumava dizer: "Se ouvis que uma mulher não quer dar à luz seu filho e deseja abortá-lo, tratai de convencê-la a me trazer essa criatura. Eu a amarei, vendo nela um sinal do amor de Deus". Nas horas mais obscuras apegava-se com força à oração diante do San-

> tíssimo Sacramento. Essa dura provação espiritual a levou a se identificar cada vez mais com aqueles a quem servia a cada dia, compartilhando seus sofrimentos e, às vezes, experimentando sua rejeição. Gostava de repetir que a maior pobreza consiste em se ver rejeitada, em não ter ninguém que se preocupe conosco.

Ele também foi o responsável pela leitura da conclusão da homilia:

> Veneremos essa pequena mulher apaixonada por Deus, humilde mensageira do Evangelho e incansável benfeitora da humanidade. Honremos nela uma das personalidades mais importantes de nossa época. Aceitemos sua mensagem e sigamos seu exemplo.

Algum tempo depois, foram divulgadas ou lidas coisas interessantes e também curiosas sobre Madre Teresa e sua obra, as quais eram às vezes exatas, outras vezes aproximadas. Foi correta a afirmação de um comentarista de TV – com quem dividi a explicação da cerimônia de beatificação pela CNN espanhola – de que Madre Teresa era a beata número 1.319. Relato esse pormenor pela segurança com que ele o afirmou. Em matéria de santidade, acredito que as estatísticas quantitativas têm pouca importância. Em outras palavras, mesmo ao admitir que todos o sejam, minha convicção é de que, certamente, eles não constituem senão uma parte infinitesimal daqueles que realmente o são. Li e ouvi que uns 300 mil estavam presentes na praça (cifra que considerei aproximadamente exata); outros falaram em 250 mil; e houve até quem afirmasse que poderiam ultrapassar os 300 mil.

Alguns estabeleceram comparações do número de pessoas com canonizações ainda recentes, aos quais se equiparavam aos presentes na canonização do Padre Pio ou na de José María Escrivá de Balague, fundador do *Opus Dei*. Também sobre esse respeito, há os que se divertem com comparações impertinentes. Por ter acompanhado o assunto bem de perto, sei que os que afluíram à beatificação de Madre Teresa o fizeram com comovente espontaneidade, pois não houve nenhuma organização comercial ou pararreligiosa com o objetivo de obrigar as pessoas a irem.

Na Praça de São Pedro, também estavam presentes, e muito visíveis pelo traje chamativo, certo número de Missionárias da Caridade. Noventa por cento delas (o dado é aproximado) conheceram pessoalmente a fundadora da Congregação e o número total de Irmãs professas no outono de 2003 se aproximava dos cinco mil. Na ocasião, pode-se garantir que ninguém viajou a Roma em excursão ou festividade. Para comparecer à beatificação nenhuma obra de caridade das muitas atendidas pelas Irmãs e colaboradores daqui e dali ficou provisoriamente desatendida nem fechada. De acordo com a crônica de um jornal italiano, "para prestar homenagem a Madre Teresa, chegaram à Praça de São Pedro delegações oficiais de 27 países, presidentes, primeiros-ministros, personalidades da política e da aristocracia, delegações da Igreja Ortodoxa e muçulmanas".

Ah! O mais importante, o excepcional, é que foram convidados três mil Pobres, para quem foram reservados os primeiros lugares à esquerda do altar e aos quais foi servida uma refeição especial, a cargo do Vaticano e em homenagem a (ou antes pelo exemplo de) Madre Teresa.

De acordo com um cronista e algumas matérias de jornal, houve quem duvidasse da autenticidade do milagre atribuído à intercessão de Madre Teresa em favor de Monika Besra. No entanto, o fato dos três mil Pobres como convidados preferenciais não deixou de ser um grande milagre?!

Entre inúmeras publicações sobre a religiosa naqueles dias, li com particular interesse um artigo do Cardeal Carlo Maria Martini publicado em um jornal italiano. No texto, não havia informações inéditas. Confesso que, no meu caso, funcionou como um apoio subjetivo, pois sempre fui um admirador do então arcebispo emérito de Milão. A tal ponto que, quando se chegava a atribuir perspectivas de papabilidade na hipótese de que, nessa idade, comum a bispos e arcebispos, também Karol Wojtyla optasse por se retirar, para mim – acredito que também para outros – o candidato número um à sucessão seria ele. Depois ocorreu o seguinte fato: quando expirou o prazo previsto pelas normas canônicas, quem pôs o cargo à disposição com uma vontade sincera de partir foi Carlo Maria Martini, enquanto João Paulo II continuou desmentindo os prognósticos e suportando impávido na trincheira, apesar das evidentes limitações físicas.

Para concluir estas páginas, quero esclarecer que não tenho a menor intenção de reproduzir o artigo do Cardeal Martini na íntegra. Vou me limitar a reproduzir somente o primeiro parágrafo, que vinha imediatamente após um título alusivo *Àquela religiosa que se entregou aos Pobres*:

> Cada vez que, em décadas passadas, me encontrei com Madre Teresa de Calcutá, tive uma profunda impressão, como de uma criatura fora do comum, como a aparição de um ser que não é deste mundo, apesar de sua capacidade de se mover entre as coisas cá de baixo. Havia nela uma mescla de doçura e força, de espiritualidade e concreção, de humildade e consciência de sua dignidade pessoal e de sua missão, que lhe davam para mim a aparência de alguém cujas raízes não pareciam estar nesta terra. Por isso me alegrei por ter tido ocasião, nas últimas semanas, de visitar, em Kosovo, alguns dos lugares onde Madre Teresa passou sua infância e de captar algumas lembranças de seus anos juvenis.

Paulinas

Rua Dona Inácia Uchoa, 62
04110-020 – São Paulo – SP (Brasil)
Tel.: (11) 2125-3500
paulinas.com.br – editora@paulinas.com.br
Telemarketing e SAC: 0800-7010081